플라톤의 대화편

소크라테스의 변론·크리톤

플라톤의
대화편

ΠΛΑΤΩΝ

Ἀπολογία Σωκράτους Κρίτων

소크라테스의 변론·크리톤

마리 교양

플라톤 | 오유석 옮김

마리북스

일러두기

1. 원전에 충실하면서도 독자들이 이해하고 읽기 편하게 최대한 쉬운 말로 번역하고자 했다.
2. 소크라테스의 법정 변론을 다루고 있는 만큼 《소크라테스의 변론》으로 제목을 붙였다.
3. 본문 바깥에 표시된 아라비아숫자와 로마자는 '스테파누스Stephanus 표기'에 따른 것이다. 르네상스 시대의 프랑스 출판업자 앙리 에티엔느Henri Estienne(라틴어 이름 스테파누스)는 1578년에 제네바에서 프랑스 역사가 장 드 세르Jean de Serres(라틴어 이름 조안네스 세라누스Joannes Serranus)가 번역한 플라톤 전집을 세 권으로 편집하여 발행했다. 이 판의 특색은 각 쪽이 두 개의 세로 단으로 나뉘어져 왼쪽 단에는 그리스어로 된 텍스트를, 오른쪽 단에는 라틴어로 된 텍스트를 두면서 그 사이에 세로 단을 다섯 단락으로 나누어 'a'부터 'e'까지 로마자를 써놓은 것이다. 플라톤 저서의 인용은 스테파누스 판에 들어간 쪽수Stephanus number(아라비아숫자로 표기)와 판본의 단락(로마자로 표기)을 함께 적어 사용한다. 《소크라테스의 변론》은 스테파누스 판본의 1권 17a~42a에, 《크리톤》은 43a~54e에 수록되어 있다.
4. 표기는 한글맞춤법과 외래어표기법을 따랐고, 인명과 지명은 고대 그리스어 발음에 충실하게 표기했다. 가령 외래어표기법상 'Aθηναι'는 관용에 따라 '아테네'로 표기하지만, 고대 그리스어 발음인 '아테나이Athēnai'로 표기했다.
5. 본문 설명에 필요한 각주와 작품 해제는 번역자가 덧붙였다.

차 례 ────────────────

소크라테스 Sōkratēs

고대 그리스의 철학자(기원전 470?~399년). 석공인 아버지 소프로니스코스Sōphroniskos와 산파인 어머니 파이나레테Phainaretē 사이에서 출생했다. 50대에 크산티페Xanthippē와 결혼해서 세 아들을 낳았는데, 그가 70세의 나이로 사형을 당했을 때 막내아들은 아직 어렸다. 그는 매우 못생겼고 맨발로 걸어 다녔으며 늘 누더기 같은 외투를 걸쳤지만, 먹고 마시는 일은 절제했다. 철학자인 그는 문답을 통해 상대의 무지無知를 깨닫게 하고, 시민의 도덕의식을 개혁하는 일에 힘썼다. 국가의 신神을 모독하고 젊은이들을 타락시켰다는 혐의로 고발당했고, 유죄 선고를 받아 독배를 마시고 죽었다.

멜레토스 Melētos

소크라테스의 고발인(기원전 5~4세기경). 이외에는 별로 알려진 바가 없다. 플라톤의 대화편 《에우튀프론》에 따르면 멜레토스는

3인의 고발인(멜레토스, 아뉘토스, 뤼콘Lykōn) 중 가장 젊었는데, 소송 사건 전까지는 소크라테스와 일면식이 없었다. 멜레토스가 법정에서 무슨 말을 했는지는 기록되어 있지 않으나, 《소크라테스의 변론》에는 소크라테스와 멜레토스의 반대 심문이 묘사되어 있다. 한편 디오게네스 라에르티오스Diogenēs Laertios[1]에 따르면, 아테나이 시민들은 소크라테스를 사형시킨 후 죄책감에 빠진 나머지 멜레토스를 처형하고 그의 지인들을 추방했다고 한다.

크리톤Kritōn

소크라테스의 죽마고우(기원전 5~4세기경). 플라톤의 《에우튀데모스》와 크세노폰Xenophōn[2]의 《소크라테스 회상》에는 크리톤이 농업으로 큰돈을 번 사업가로 등장한다. 디오게네스 라에르티오스는 크리톤이 철학자였고 17편의 대화편을 저술했다고 말하지만, 현대 학자들은 크리톤이 단순히 소크라테스의 막역한 친구였을 뿐 철학적 소양을 갖추지는 못했을 것이라고 추정한다.

---

1   철학사가(3세기경). 《유명한 철학자들의 생애와 사상》을 저술했다.
2   아테나이 출신의 군인·작가(기원전 430~354년)로 《소크라테스의 변론》과 《향연》 등을 썼다.

아뉘토스Anytos

아테나이의 정치가 안테미온Anthemiōn의 아들(기원전 5~4세기경). 펠로폰네소스Peloponnēsos전쟁 당시 장군이었으며, 나중에는 30인 과두정寡頭政[3]에 대항해서 민주파 지도자로 활약했다. 플루타르코스Ploutarchos의 《비교 영웅전》에 따르면, 알키비아데스는 아뉘토스를 경멸한 듯하다. 어느 날 아뉘토스가 알키비아데스를 만찬에 초대했는데, 알키비아데스는 만취해서 늦게 도착했다. 식탁 위의 금은 그릇들을 보고 알키비아데스는 자기 종들에게 그릇들을 집으로 가져가라고 명령하고 곧바로 떠났다. 만찬 손님들이 알키비아데스를 비난하자, 아뉘토스는 알키비아데스를 감싸면서 자신이 그를 너무나도 사랑하기에 다른 그릇들도 가져가도록 허락했다고 변명했다. 아마도 아뉘토스는 자신이 옹호하는 민주정을 소크라테스가 비난하자, 위기의식을 느끼고 소크라테스를 고발한 듯하다.

카이레폰Chairephōn

소크라테스의 충실한 친구(기원전 5~4세기경). 델포이Delphoi에서 '소크라테스보다 더 지혜로운 자는 없다'는 아폴론Apollōn 신탁[4]

---

3   소수가 국가 권력을 독점하는 독재적 정치체제.
4   델포이라는 지명은 아폴론이 죽인 뱀의 이름 'Delphynē'에서 유래했다고 한다. 아폴론은 뱀(뱀의 이름은 일반적으로 퓌톤으로 알려져 있다. 이 때문에 뱀의 이름을

을 받았다. 아리스토파네스Aristophanēs의 희극《구름》에는 카이레폰이 창백하고 비쩍 마른 '살아 있는 시체' 같은 인물로 묘사됐다. 반면에 플라톤의《소크라테스의 변론》과 크세노폰의《소크라테스 회상》에는 카이레폰이 소크라테스의 오랜 친구이자 진정한 동료로 언급되고 있다. 그는 민주주의를 비판한 소크라테스와 달리 열렬한 민주주의 옹호자였는데, 아테나이가 스파르타Sparta에 패해서 민주정이 과두정으로 교체되었을 때 죽게 된다.

알키비아데스Alkibiadēs

아테나이의 저명한 정치가, 연설가이자 장군(기원전 5세기경). 기원전 410년대 초반 그는 공격적 외교정책을 옹호했고 쉬라쿠사이Syrakousai(이탈리아 남부 시칠리아섬의 폴리스) 원정을 적극 지지했다. 하지만 정적들이 그를 신성모독죄로 고발하자 스파르타로 도망가서 전략 자문으로 활동했다. 그런데 스파르타에도 정적이 있었기에 그는 페르시아로 피신했다. 그 후 아테나이로 귀환해서 수년간 장군으로 활동하다가 다시 정적에게 추방당했다. 크세노폰에 따르면, 소크라테스는 알키비아데스를 교육해서 변화시키려

따서 이곳을 퓌토Pythō라고도 불렀다.)을 죽인 후 무녀(퓌티아)에게 그곳에서 예언하도록 했다.

고 노력했지만 결국 실패했다.

크리티아스Kritias

플라톤의 어머니 페릭티오네Periktionē의 조카(기원전 5세기경). 30인
과두정의 지도자로 활동하면서 많은 시민들의 재산을 몰수하고
처형했다. 하지만 그는 페이라이에우스Peiraieus[5] 부근의 전투에서
사망했고, 이 전투의 패배로 30인 과두정은 민주파에게 패퇴했다.
크리티아스는 한때 소크라테스의 제자였는데, 이는 결국 민주파가
소크라테스를 위험인물로 간주하고 고발하는 계기가 됐다.

5   지금의 피레우스Piraeus.

포테이다이아Poteidaia 전투

포테이다이아-코린토스Korinthos 연합 군대와 아테나이 군대 사이의 전투(기원전 432년). 포테이다이아(칼키디케반도 남단의 도시국가)는 본래 코린토스의 식민 도시였지만, 델로스Dēlos동맹에 가입해서 아테나이에 조공을 바쳤다. 아테나이 사람들은 포테이다이아에 코린토스 사절단 수용을 중단하고 아테나이에 인질을 보내라고 요구했다. 결국 전투가 벌어졌고, 아테나이는 기원전 430년에서 429년까지 포테이다이아를 포위했다. 하지만 오랜 군사작전의 영향으로 아테나이는 국고가 고갈됐다.《향연》219e~221b는 이 전투에서 소크라테스가 알키비아데스의 생명을 구했다고 기술하고 있다.

아르기누사이Arginousai 해전

펠로폰네소스전쟁 당시 레스보스Lesbos섬 동쪽 아르누사이제도에서 벌어진 해전(기원전 406년). 이 전투에서 아테나이 해군이 스파르타 해군에 승리했다. 하지만 전투 중에 난파된 배의 생존자

구조가 폭풍우 때문에 지체되었고 대부분의 생존자가 익사했다. 이 소식에 아테나이 시민들은 분노했고, 해군을 이끈 장군들 중 6명을 재판해서 사형시켰다.

30인 과두정

펠로폰네소스전쟁에서 아테나이가 스파르타에게 패한 후 들어선 친親스파르타 과두정치(기원전 404년). 30인 과두정은 불과 8개월 남짓 지속되었지만, 그사이에 아테나이 인구의 5퍼센트 정도가 죽었고 많은 민주파 시민들이 추방됐다. 이소크라테스Isokratēs[6]와 아리스토텔레스Aristotlēs는 30인 참주僭主가 1500명을 재판 없이 처형했다고 전언했다. 한때 소크라테스의 제자였던 크리티아스는 어떤 희생을 감수하고서라도 민주정을 말살하려고 했기 때문에 시민권을 제한했고, 심지어 300명의 채찍 든 자를 고용해서 시민들을 위협했다. 하지만 시민들은 새 체제에 동조하지 않았고, 결국 기원전 403년 민주파가 봉기를 일으켜 30인 과두정은 몰락했다.

---

6   이소크라테스(기원전 436~338년)는 최초로 수사학 학원을 설립하고 가르쳐서 많은 변론가, 철학자, 작가, 정치 및 군사 지도자들을 양성했다.

퀴벨레Kybelē

소아시아 아나톨리아Anatolia의 어머니 신. 기원전 6세기경 프뤼기아Phrygia를 통해서 그리스 식민 도시와 그리스 본토에 전래됐다. 모든 신과 인간의 어머니라고도 일컬어졌으며, 동물들의 여주인으로도 묘사됐다. 퀴벨레는 레아Rhea(제우스의 어머니)와도 동일시됐는데, 제우스Zeus가 탄생했을 때 중무장한 쿠레테스Kourētes가 동굴 밖에서 춤추면서 아기 제우스를 지켰듯, 퀴벨레 주위에서 젊은 코뤼반테스Korybantes[7]들이 맹렬히 춤추고 노래했다고 한다.

---

7   프뤼기아Phrygia의 여신 퀴벨레를 경배하는 중무장한 남자 무용수.

플라톤의 대화편

소크라테스의 변론

—

ΠΛΑΤΩΝ

Ἀπολογία Σωκράτους

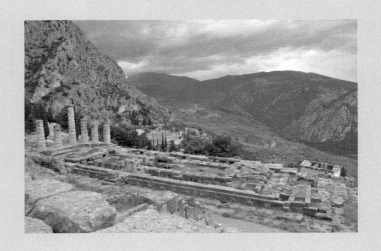

아폴론 신전

기원전 4세기에 지어진 아폴론 신전. 델포이 신탁과 퓌티아 제전의 중심이다.

(사진: Helen Simonsson, 2012)

첫 번째 변론(17a~35d)

오, 아테나이[8] 사람들[9]이여! 저를 고발한 자들 때문에 여러분이 17a 무슨 일을 겪으셨는지 저는 모릅니다. 하지만 저로 말하자면, 저는 그들 때문에 제가 누군지도 거의 망각할 뻔했습니다. 그토록 저들은 설득력 있게 이야기했던 것입니다. 하지만 실제로 그들은 진실을 한마디도 말하지 않았습니다. 특히나 그들의 많은 거짓말 중 매우 놀라운 것이 하나 있었습니다. 고발인들은 제 말에 기만 당하지 않도록 주의하라고 여러분에게 말했던 것입니다. 제가 언 변에 능한 사람이기 때문이라는 것이지요. 제가 결코 언변에 능하지 않다는 것이 명백히 밝혀지면 고발인들의 말은 곧바로 논박될 것입니다. 그런데도 이를 부끄럽게 여기지 않는 것이 제가 보기에는 그들의 가장 후안무치한 행동이라고 생각되었습니다. '언변에 능한 사람'이라는 말이 '진실을 말하는 사람'을 의미하는 게 아니라면 저는 결코 언변에 능하지 않습니다. 반대로 고발인들이 '언변에 능한 사람'을 '진실을 말하는 사람'이라는 뜻으로 사용

---

8 '아테네'의 고대 그리스어식 표기.
9 배심원들. 소크라테스는 배심원들을 의도적으로 '아테나이 사람들'이라고 불렀다. 그리하여 현재의 변론이 단순히 배심원들을 향한 것뿐만 아니라 아테나이 시민 전체를 대상으로 함을 보여주고 있다.

하는 것이라면 저는 제 자신이 연설가임을 인정하겠습니다. 물론 고발인들은 그런 뜻으로 사용하지는 않았지만요.

　그러니까 제 말씀은, 고발인들이 진실을 거의 혹은 전혀 말하지 않았습니다만, 여러분은 저에게 온전한 진실을 듣게 되실 것이라는 점입니다. 물론 제우스께 맹세코 오, 아테나이 사람들이여! 여러분은 고발인들의 말처럼 미사여구로 아름답게 꾸며진 또는 나열된 말들을 저에게 들으실 수는 없을 것입니다. 오히려 여러분은 그때그때 떠오르는 낱말들로 진술하는 저의 변론을 듣게 되실 것입니다. 저는 제가 말하는 바가 정당하다고 믿고 있으니까요. 여러분 중 어느 누구도 제가 다른 말을 할 것으로 기대하지 말아주시기 바랍니다. 왜냐하면 오, 사람들이여! 마치 젊은 아이들처럼 말을 지어내면서 여러분[10] 앞에 출두하는 것은 도무지 제 나이에 걸맞지 않은 일이니까요.

　그러니까 정말이지 오, 아테나이 사람들이여! 저는 여러분에게 진심으로 요청하고 간구할 것이 있습니다. 제가 아고라agora[11]의 환전상 테이블—여러분 중에서 많은 분들이 그곳에서 제가

10　배심원들. 배심원은 30세 이상의 남성 시민 중 투표로 선발했으며, 아테나이 시민과 민주주의의 대표 역할을 했다.
11　아테나이 시민들의 만남의 장소이자 종교, 문화, 사상, 상업, 정치의 중심지. 아크로폴리스 남쪽에 위치.

　　　　　　　　플라톤의 대화편 | 소크라테스의 변론

이야기하는 것을 들어보신 적이 있을 것입니다만—이나 다른 곳
에서 익히 말하던 바와 동일한 논변들로 변론하는 것을 듣게 되
더라도 놀라거나 소란을 피우지 말아주세요. 제게 사정이 있으니   d
말입니다. 저는 지금 처음으로 법정에 서게 되었거든요. 나이가
일흔이나 되었는데 말입니다. 그래서 저는 이곳[12]의 변론 방식에
는 그야말로 완전히 이방인이나 다름없습니다. 만약 제가 실제로
외국인이라면, 설령 제가 교육받은 방언이나 의사소통 방식으로
이야기하더라도 여러분은 저를 용납하실 것입니다. 이와 마찬가   18a
지로 지금 저는 여러분에게 저의—어쩌면 더 형편없을 수도 있
고 더 탁월할 수도 있는—변론 방식을 용인해주실 것을 정당하
게—적어도 저에게는 이것이 정당한 것으로 보입니다.—요청합
니다. 그리고 여러분은 오로지 제가 정당한 것을 말하고 있는지
아닌지에 집중해서 살펴봐주시기 바랍니다. 이런 일이 배심원의
탁월함이며, 연설가의 탁월함은 진실을 말하는 것이니까요.

오, 아테나이 사람들이여! 우선 제가 저에 대해 잘못 제기된
첫 번째 고발 내용과 첫 번째 고발인들에게 대항해서 저 자신을
변호한 다음, 나중에 제기된 고발 내용과 나중 고발인들에 맞서
변론하는 것이 마땅하겠습니다. 벌써 여러 해 동안 한마디도 진   b

---

12   법정.

실을 말하지 않으면서 저를 고발하는 자들이 오래전부터 생겨났으니 말입니다. 저는 그들을 아뉘토스[13]의 무리보다 더 두려워합니다. 아뉘토스의 무리도 저 사람들 못지않게 무섭습니다만…. 오, 사람들이여! 과거의 고발인들이 더 무섭습니다. 그들은 당신들 중 많은 이들을 어린 시절부터 곁에 붙들어 놓고 설득하면서 저를 비난했습니다. (아뉘토스 무리의 고발에 못지않게) 진실이 아닌 명목으로 말입니다. 그들은 말합니다.

"소크라테스라는 현자가 있는데, 하늘 위의 것들을 사색하는 자이다. 그는 땅 밑의 온갖 것들을 탐구하며 약한 논증을 강하게 만드는 자이다."

오, 아테나이 사람들이여! 저에 대해 이런 소문을 퍼뜨린 사람들이야말로 더 무서운 고발인들입니다. 왜냐하면 그들의 이야기를 듣는 사람들은 위와 같은 것들을 탐구하는 자들이 신들을 믿지 않는다고 여기기 때문입니다. 더구나 이렇게 저를 비난한 사람들은 다수이고 이미 오랜 시간 동안 저를 비난해왔습니다. 이들은 여러분이 가장 잘 믿는 연령이었을 때―즉, 여러분 중 어떤

---

13   아뉘토스는 아테나이의 정치가이자 민주주의의 신봉자였다. 《메논》(소크라테스가 재판받기 1~2년 전을 배경으로 한다.) 끝부분에는 아뉘토스가 당대의 정치가들을 비판하는 소크라테스에게 분개해서 경고하면서 퇴장하는 장면이 나오는데, 실제로 그는 이 책에서 멜레토스 등과 함께 공동 고발인으로 등장한다.

이들은 아이이고 다른 이들은 청년이었을 때—당신들에게 저를 험담했습니다. 그들은 변론하는 사람도 없이, 피고인 출석도 없이 저를 고발했던 것입니다. 그중에서 가장 불합리한 점은 고발 인들의 이름조차 알거나 말할 수 없었다는 사실입니다. 그들 중 d 어떤 이가 희극작가였다[14]는 사실을 제외한다면 말입니다.

하지만 비방과 중상으로 여러분을 설득하려 한 자들과 자기 스스로 설득되어 다른 이들을 설득하는 자들도 있는데,[15] 이들 모두 가장 상대하기 까다로운 자들입니다. 왜냐하면 이들 중 어느 누구도 법정으로 출두시키거나 반대 심문을 할 수 없기 때문입니다. 진실로 저는 마치 그림자와 싸우는 것처럼 아무도 답변하지 않는데, 저 혼자 변론하고 반대 심문을 할 수밖에 없습니다. 그러니까 여러분도 저의 고발인이 두 부류임을 인정해주시기 바랍니다. 한 부류는 지금 저를 법정에서 고발한 자들이고, 다른 부류는 이미 e 오래전부터 저를 비난해온 자들입니다. 앞서 저는 두 번째 부류를

---

14 실제로 아리스토파네스와 아메입시아스가 기원전 423년에, 그리고 에우폴리스 Eupolis가 기원전 421년에 소크라테스를 풍자하는 희극을 상연했다. 아리스토파 네스는《구름》을 기원전 417년경 재상연했으며,《새》(기원전 414년)와《개구리》(기원전 405년)에서도 소크라테스를 언급한 바 있다.

15 희극작가들은 재미를 위해서 소크라테스를 풍자했지만 악의적으로 소크라테스를 비난한 사람들도 있었고, 소크라테스가 정말로 위험인물이라고 생각해서 소크라테스를 고발한 사람들도 있었다.

말씀드렸는데, 제가 우선 이들에 맞서 저 자신을 변호해야 하니 양해해주세요. 왜냐하면 여러분은 나중 고발인들[16]의 비난보다 이들[17]의 비난을 더 먼저 들었고, 훨씬 더 많이 들었기 때문입니다.

그러면 오, 아테나이 사람들이여! 이제 저 자신을 변호해야겠습니다. 그리고 저는 여러분이 그토록 오랫동안 들어온 비방을 이토록 짧은 시간 동안에 여러분의 머릿속에서 지울 수 있도록 노력해야겠습니다. 제가 원하는 바는 여러분에게도 저에게도 유익한 일이 생기는 것입니다. 또 제가 변론하면서 저의 바람이 이루어지길 바랍니다. 물론 저는 이 일이 어려울 것이라고 생각하고 있고, 변론이 어떤 성격의 일인지도 결코 망각하지 않고 있습니다. 하지만 신께서 원하시는 바대로 변론이 진행되기를 (바랍니다)! 저는 법에 순종해서 저 자신을 변호해야 합니다.

이제 처음으로 돌아가서 고발이 무엇인지, 즉 저에 대한 비방이 시작된 출처이자 이를 근거로 멜레토스가 소송을 제기하게 된 고발 내용이 무엇인지 살펴봅시다. 자, 저를 비방하는 자들이 도대체 무슨 말을 하면서 저를 비방했습니까? 고발인들의 고발장을 읽듯 저들의 고발 내용을 낭독해야겠습니다.[18]

---

16 아뉘토스의 무리.
17 오래전부터 소크라테스를 비방해온 자들.
18 소크라테스의 옛 비난자들은 실제로 소크라테스를 법정에 고발하지 않았다. 하

"소크라테스는 땅 밑의 일들과 하늘 위의 일들을 탐구하고, 더 c 약한 논증을 더 강하게 만들며, 다른 이들에게 이와 같은 일들을 하도록 가르치며 불의를 행하고 주제넘은 일을 행하고 있다."

죄목은 위와 같은 것입니다. 여러분도 아리스토파네스의 희극에서 그런 내용을 보셨을 것입니다. 거기서 소크라테스라는 어떤 사람이 허공에 매달려 자신이 공중에서 걷고 있다고 주장하면서 다른 많은 헛소리를 지껄이고 있지요.[19] 정말이지 제가 아는 거라곤 하나도 없는 일들인데도 말입니다. 물론 어떤 사람들은 이런 것들을 지혜롭다고 할지 모르니, 제가 이런 앎을 무시하려는 것은 아닙니다.[20] 다만, 제가 이런 엄청난 죄를 짓고 있다고 멜레토스에게 송사당하는 것을 원치 않기 때문에 말씀드리는 것입니다. 오, 아테나이 사람들이여! 정말이지 저는 이런 일들과는 전혀 무관합니다. 저는 여러분 가운데 대다수를 증인으로 세우겠습니다. d 그리고—여러분 중 다수가 그렇겠습니다만—언젠가 제가 대화하는 것을 들어본 분들은 서로 알려주고 증언해주시기를 요청합

지만 소크라테스는 마치 이들이 법정에 출두해서 고발장을 낭독하는 것처럼 비난자들의 고발 내용을 요약, 정리하고 있다.
19 아리스토파네스의 《구름》에는 소크라테스가 자연철학자와 소피스테스의 혼합된 모습으로 풍자되고 있다.
20 플라톤의 《파이돈》에 따르면, 소크라테스도 젊은 시절에 자연학과 우주의 구조에 깊은 관심을 가진 적이 있었다.

니다. 제가 위와 같은 주제들로 짧게든 길게든 대화하는 것을 여러분 중 조금이라도 들은 사람이 있다면 서로 증언해주세요. 그러면 여러분은 아시게 될 것입니다. 많은 이들이 저를 비난하는 내용은 이처럼 근거가 없다는 사실을 말입니다.

여하튼 앞서 언급한 비난은 전혀 사실무근입니다. 만일 여러분이 누군가에게 제가 사람들을 가르치면서 돈을 벌려고 한다는 이야기를 들으셨다면, 이 또한 사실이 아닙니다.[21] 물론 누군가가 레온티니 출신 고르기아스, 케오스 출신 프로디코스 그리고 엘리스Elis 출신 히피아스Hippias[22]처럼[23] 사람들을 가르칠 수 있다면, 저는 이 또한 좋은 일이라고 생각합니다. 오, 사람들이여! 이들[24]은 모두 아무 폴리스polis에나 가서, 자기 폴리스의 시민 중 어느 누구와도 공짜로 교제할 수 있는 젊은이들을 설득합니다. 그래서 젊은이들이 시민들과 공짜로 이야기를 나누며 교제할 수 있는 권리를 버리고, 소피스테스[25]들에게 와서 돈을 지불하는 것도 모자

---

21 소크라테스는 사람들이 자신을 소피스테스와 혼동하고 있음을 지적한다.
22 히피아스(기원전 5세기경)는 자신이 모든 주제의 권위자라고 주장하면서 시, 문법, 역사, 정치, 수학 등을 강의했다. 하지만 플라톤은 그를 허영심과 오만함으로 가득 찬 인물로 묘사한다.
23 기원전 5세기 후반의 유명한 소피스테스들처럼.
24 고르기아스나 히피아스 같은 소피스테스들.
25 본래 '소피스테스'는 '전문가'를 가리키는 단어였으나 기원전 5세기 무렵에는

라 감사하는 마음까지 갖게 만드는 것입니다.

하기는 이 문제라면 또 다른 전문가가 이곳 아테나이에 있습니다. 그는 파로스 출신의 현자sophos(전문가)이지요. 저는 그가 아테나이에 방문했다는 소식을 들었습니다. 일전에 저는 우연히 어떤 사람을 만났는데, 다른 모든 이들이 지불한 액수보다 더 많은 돈을 소피스테스들에게 쓴 사람입니다. 이 사람은 히포니코스의 아들 칼리아스[26]입니다. 그래서 저는 그에게 물었습니다. 그에게는 두 아들이 있으니까요.

"오, 칼리아스여! 만약에 당신의 두 아들이 망아지나 송아지였다면, 우리는 이 둘을 아름답고 훌륭하게 만들 감독자를 얻어서 보수를 지불할 수 있을 것입니다. 이들의 탁월함을 더욱 아름답고 훌륭하게 만들 수 있도록 말입니다. 이 경우 감독자는 말 조련사 또는 농사 전문가이어야 하겠지요. 그런데 당신의 두 아들은 망아지나 송아지가 아니라 사람입니다. 그렇다면 당신은 두 아들

b

주로 말 잘하는 기술을 가르치는 사람들을 가리키는 말로 사용되었다. 프로타고라스, 고르기아스 등이 대표적인 소피스테스였는데, 이들은 돈을 받고 지식을 가르쳤고 전통적인 종교와 윤리에 의문을 제기했기 때문에 신들을 믿지 않고 젊은이들을 타락시키는 궤변가라는 비난을 받기도 했다.

26   아테나이의 부호. 플라톤의 《프로타고라스》에 따르면 칼리아스는 프로타고라스와 히피아스, 프로디코스를 동시에 자기 집에 초청한 인물이었다. 한편 크세노폰의 《향연》은 칼리아스의 집을 무대로 하고 있다.

의 감독자로 누구를 구할 작정입니까? 이러한 탁월함, 즉 인간적 탁월함과 시민적 탁월함의 지혜를 가진 사람이 누구입니까? 이런 질문을 던지는 까닭은 당신에게 두 아들이 있어 이 문제를 숙고해본 적이 있으리라 생각하기 때문입니다. 합당한 인물이 있습니까? 아니면 없습니까?"

그가 답했습니다.

"물론 있습니다."

그래서 제가 물었지요.

"누굽니까? 그는 어디 출신이고, 얼마를 받고 가르칩니까?"

그가 답했습니다.

"파로스 출신의 에우에노스Euēnos[27]입니다. 그분은 5므나mna[28]를 받고 가르치십니다."

저는 에우에노스가 행복한 자라고 생각했습니다. 만일 진짜로

---

27 에우에노스는 《파이돈》 60d9에서는 시인으로 기술되는 반면,《파이드로스》 267a3에서는 수사학자로 기술되고 있다. 한편 《파이돈》 61c6에서 심미아스는 에우에노스를 철학자philosophos로 간주하는데, 파로스섬은 피타고라스주의자들의 활동지 중 하나였다.

28 최초로 스스로를 소피스테스로 공언했던 프로타고라스는 수업료로 100므나를 받았다고 전해진다(디오게네스 라에르티오스 《유명한 철학자들의 생애와 사상》 9.52). 하지만 5므나도 적은 돈은 아니었다. 크세노폰의 《경영론Oeconomicus》 2.3에 따르면 소크라테스의 전 재산이 5므나 정도였다.

그런 기술을 가지고 있고, 그렇게 적당한 보수를 받고 가르쳐준다면 말입니다. 저 자신이 그런 것을 알고 있다면 우쭐거리고 잘난 체할 테니까요. 하지만 오, 아테나이 사람들이여! 저는 정말로 그런 것들을 알지 못합니다.

아마도 어떤 분은 이렇게 대꾸하실지도 모르겠습니다.

"하지만 오, 소크라테스여! 당신의 문제가 도대체 뭡니까? 당신에 대한 비방들이 어떻게 생겨난 건가요? 만약 당신이 많은 이들의 행동거지와 다른 일을 하나도 행하지 않는다면, 즉 당신이 남들과 달리 괴상한 일을 일삼지 않았다면 당신에 대한 이토록 많은 풍문과 논란이 생겨나지 않았을 게 분명하니 말입니다. 그러니 무슨 일인지 우리에게 말해보세요. 우리가 당신에게 성급한 판결을 내리지 않도록 말이요."

이렇게 말하는 사람은 제가 생각하기에 올바른 이야기를 한 것입니다. 저 또한 여러분에게 보여드리도록 노력하겠습니다. 저에게 이런 오명과 비방을 초래한 연유가 도대체 뭔지 말입니다. 그러니 제 이야기를 들어보세요. 아마도 여러분 중 어떤 분께는 제가 농담하고 있는 것으로 보일지도 모릅니다. 하지만 잘 알아두세요. 저는 여러분에게 온전한 진실을 말씀드릴 것입니다. 왜냐하면 오, 아테나이 사람들이여! 저는 다름 아니라 어떤 지혜 sophia 때문에 이런 오명을 얻었기 때문입니다. 이 지혜가 어떤 지

중세에 그려진 소크라테스와 플라톤
작자 미상.

혜냐고요? 아마도 그것은 '인간적인 지혜'이겠지요. 사실 저는 그런 지혜의 관점에서 지혜로울 테니까요sophos. 아마도 제가 조금 전에 언급했던 그들[29]은 인간에게 속하는 지혜보다 더 대단한 어떤 것에서 지혜로울 것입니다.[30] 이런 명칭 외에는 그들의 지혜를 뭐라고 불러야 할지 모르겠습니다. 저는 그런 지혜를 알지 못하니까요. 그런데도 제가 그런 지혜[31]를 가졌다고 말하는 자는 거짓말하는 것이고 저를 비방하려고 그렇게 말하는 것입니다.

오, 아테나이 사람들이여! 소란을 피우지는 말아주세요.[32] 설령 여러분에게 제가 잘난 체하고 있다고 생각되더라도 말입니다. 지금 드릴 말씀은 제멋대로 드리는 말씀이 아니며, 믿을 만한 증인을 여러분에게 제시할 테니까요. 저의 지혜에 관해—즉, 도대체 저에게 무슨 지혜가 있기나 한 건지 그리고 그것이 어떤 지혜인지에 관해—저는 여러분에게 델포이에 좌정하신 신[33]을 증인으로 내세울 것입니다.

---

29 즉, 고르기아스나 히피아스 같은 소피스테스들.
30 소크라테스는 지혜를 인간적인 지혜와 초인적인 지혜(소피스테스들의 지혜)로 구분하면서, 자신이 가진 지혜는 인간적인 지혜임을 밝히고 있다.
31 초인적인 지혜.
32 아테나이의 법정은 담장이 낮아서 행인들도 구경할 수 있었고 야유를 보내거나 환호할 수도 있었다.
33 아폴론.

여러분도 카이레폰[34]을 아실 것입니다. 이 사람은 저의 죽마고
우이고 여러분 무리[35]의 동료이기도 합니다. 그는 최근 여러분의
망명에 동참했다가 여러분과 함께 귀환한 사람입니다. 여러분은
카이레폰이 어떤 사람인지 아십니다. 그리고 그가 하려고 마음먹
은 일에 얼마나 열정적인지도 아실 것입니다. 그가 일전에 델포
이에 가서 감히 한 신탁을 구했습니다. 오, 사람들이여! 누차 말
씀드리지만 소란을 피우지 말아주세요. 카이레폰은 저보다 더 지
혜로운 사람이 있는지 신탁을 구했습니다. 그러자 퓌티아의 무녀
가 저보다 더 지혜로운 사람은 없다고 답했습니다. 이 일들에 관
해서는 여기 참석한 그의 동생이 여러분에게 증언해줄 것입니다.
카이레폰은 이미 작고했으니까요.

　제가 무엇 때문에 이런 말씀을 드리는지 숙고해주세요. 어떤
연유로 저에게 비방이 생겨났는지 설명하려는 참이니까요. 저는
카이레폰이 전한 말[36]을 듣고 마음속으로 이렇게 생각했습니다.

34　카이레폰(기원전 469~399년경)은 소크라테스의 막역한 친구였으며, 아리스토파
네스의 《구름》 104와 《새》 1553~64에도 소크라테스와 함께 등장한다. 기원전
404년 30인 과두정이 정권을 차지했을 때 카이레폰은 민주파와 함께 망명했다
가 이듬해 민주정이 복귀했을 때 귀환했다. 따라서 소크라테스는 배심원들이 카
이레폰을 믿을 만한 동지로 간주할 것이라고 판단하고 있다.
35　즉, 민주파.
36　'소크라테스보다 지혜로운 자는 없다'는 델포이 신탁.

'도대체 신[37]께서 무슨 말씀을 하시는 걸까? 이 수수께끼 같은 말씀은 무슨 뜻일까? 나는 대단한 일에서든 하찮은 일에서든 나 자신이 지혜롭지 않다는 사실을 알고 있는데, 내가 가장 지혜롭다는 말은 무슨 뜻일까? 물론 그분께서 거짓말하실 리는 없어. 그건 그분께 합당하지 않을 테니까.'

오랫동안 저는 신탁이 도대체 무슨 뜻인지 고심했습니다. 그러다가 어렵사리 이 문제를 탐구해보기로 결심했습니다. 저는 지혜롭다고 생각되는 사람 중 한 사람을 찾아갔습니다. 만약 제가 어딘가에서 신탁을 논박해서 "이 사람이 저보다 더 지혜롭습니다. 당신[38]께서는 제가 제일 지혜롭다고 말씀하셨지만 말입니다"라고 선언할 수 있다면, 바로 그 사람이라고 생각했던 것이지요. 저는 그 사람을 꼼꼼히 살펴보았습니다. 굳이 그 이름을 말씀드릴 필요는 없습니다만, 그는 정치인들 중 한 사람이었습니다. 오, 아테나이 사람들이여! 저는 그와 대화할 때 '이 사람은 다른 많은 사람들이 지혜롭다고 생각할뿐더러 특히 스스로 지혜롭다고 생각하고 있지만, 사실은 그렇지 않다'는 생각이 들었습니다. 그래서 저는 그가 스스로 지혜롭다고 생각하고 있지만, 실은 그렇

---

37   아폴론.
38   아폴론.

지 않다는 것을 그에게 보여주려고 노력했습니다. 그 결과 저는 그에게 미움을 사게 되었고, 함께 있던 많은 참석자들에게도 미운털이 박혔습니다. 하지만 그곳을 떠나면서 저는 스스로 이렇게 생각했습니다.

'내가 이 사람보다는 지혜롭구나. 아마도 우리 중 누구도 아름답고 훌륭한 것을 알지 못하는 것 같아. 그런데 이 사람은 알지 못하면서도 자신이 뭔가 안다고 생각하는 반면, 나는 실제로 알지 못하면서 안다고 생각하지는 않으니까. 비록 작은 차이이지만 나는 적어도 이 점에서 저 사람보다 더 지혜로운 듯하다. 알지 못하는 바를 안다고 생각하지는 않으니까.'

그 후에 저는 앞사람보다 더 지혜롭다고 생각되는 다른 사람을 방문했습니다. 하지만 제가 보기에는 앞서와 사정이 별반 다르지 않다는 생각이 들었습니다. 그 결과 역시 저는 그 사람에게도 미움을 받게 되었고, 다른 많은 이들의 미움을 사게 되었습니다.

그 이후에도 저는 차례로 사람들을 찾아다녔는데, 슬프고 놀랍게도 제가 남들의 미움을 사고 있음을 느꼈습니다. 그럼에도 불구하고 저는 신의 일[39]을 최우선으로 여겨야만 한다고 생각했습니다. 그러니까 신탁이 무슨 뜻인지 따져보려면, 뭘 좀 안다고

---

39 아폴론의 신탁.

여겨지는 모든 사람을 찾아가야 한다고 생각했던 것이지요. 오, 22a아테나이 사람들이여! 여러분 앞에서 진실을 말해야 하니까 말씀인데, 맹세코 제가 몸소 겪어보고 느낀 바를 말씀드립니다. 신의 뜻을 찾아 탐구하면서 제가 한 생각은, 가장 큰 명성을 얻은 자들은 실제로 가장 모자란 자들인 반면, 그들보다 형편없다고 여겨지는 사람들이 더 현명하다는 것이었습니다.

자, 그러면 여러분에게 저의 노정을 보여드리겠습니다. 마치 저의 노정이 신탁의 논박 불가함을 발견하고자 감당해야 했던 노역들[40]이었던 것처럼 말입니다. 정치가들을 만난 후 저는 시인들, 즉 비극작가들과 디튀람보스[41] 작가들 그리고 다른 이들을 찾아 갔습니다. 그곳에서 곧장 제가 그들보다 지혜롭지 않다는 것을 깨달을 수 있도록 말입니다. 그래서 저는 제가 보기에 그들이 가장 공을 들여 지은 듯한 시구詩句를 골라서 그 의미를 따져 물었습니다. 그들에게 즉석에서 뭔가 배울 것이라고 기대했으니까요.

그런데 오, 사람들이여! 여러분에게 진실을 말씀드리기 부끄럽

---

40 소크라테스는 자신의 노정을 헤라클레스Heraklēs의 노역들에 비유하고 있다. 헤라클레스가 신들에게 인정받기까지 열두 차례의 노역을 거쳐야 했던 것처럼, 소크라테스는 정치가들을 만난 후 다시 시인들과 수공업자들을 만나서 그들의 지혜를 시험하게 된다.
41 디튀람보스dithyrambos는 디오뉘소스를 찬양하는 일종의 가무였으며, 국가 페스티벌에서 소년 혹은 성인 남자 합창단이 상연했다.

지만, 그럼에도 불구하고 말해야겠습니다. 시인들이 지어낸 시구에 관해, 사실상 동석하고 있던 웬만한 사람들은 그 시인들보다 설명을 더 잘할 수 있었을 것입니다. 잠깐 동안 저는 시인들에 대해서도 알게 된 사실이 있습니다. 이들은 자신의 시를 지혜로 짓는 것이 아니라, 마치 신들린 사람들이나 신의 말을 대언하는 사람들처럼 타고난 모종의 능력으로 혹은 접신해서 지어낸다는 것입니다. 신들린 사람들이나 신의 말을 대언하는 자들도 아름다운 말들을 많이 하지만, 자신이 말하는 바가 무슨 뜻인지는 알지 못하니까요. 제가 보기에는 이와 유사한 일들을 시인들도 겪고 있는 듯했습니다. 한편 이와 동시에 저는 느꼈습니다. 자신이 지어낸 시가詩歌의 영향으로 시인들은 자신들이 지혜를 가지고 있지 않은 다른 일들에서도 자신들이 가장 지혜롭다고 생각한다고요. 그래서 저는 제가 정치인들보다 뛰어나다고 생각했던 바로 그 점에서 역시 시인들보다도 뛰어나다[42]고 생각하면서 그곳을 떠났습니다.

끝으로 저는 수공 기술자들에게 갔습니다. 왜냐하면 저는 아는 바가 거의 없음을 스스로 깨닫고 있지만, 이 사람들은 훌륭한 것들을 많이 알고 있을 것이라고 확신했기 때문입니다. 제 생

42 시인들은 자신이 알지 못하는 것을 안다고 착각하는 반면, 소크라테스는 자신이 무지하다는 사실을 자각하고 있다는 점을 말한다.

각은 틀리지 않았습니다. 과연 수공 기술자들은 제가 알지 못하는 것들을 알고 있었고, 이 점에서 저보다 지혜로웠습니다. 하지만 오, 아테나이 사람들이여! 제가 보기에는 훌륭한 제작자들도 시인들과 같은 실수를 저지르고 있는 듯했습니다. 왜냐하면 자기 기술을 훌륭히 수행한다는 이유로, 이들은 다른 중요한 일들에서도 자신이 가장 지혜롭다고 생각했으니까요. 이들의 이런 잘못은 자신이 가진 지혜를 무색하게 했습니다. 그래서 저는 신탁을 대신해서 저 자신에게 물었습니다. e

"나의 현재 상태 그대로, 저 사람들이 가진 지혜의 관점에서 지혜롭지도 않고 저들의 무지의 관점에서 무지하지도 않음을 택할 것인가? 아니면 저들이 가진 지혜와 무지를 둘 다 갖기를 택할 것인가?"

그리고 저는 저 자신과 신탁에 이렇게 답했습니다.

"지금 내 상태 그대로인 게 나에게 유익하다."

그런데 오, 아테나이 사람들이여! 이렇게 사람들을 심문한 결과 저를 다루기 까다로운 사람으로 여겼고, 그만큼 지독한 반목과 비방이 많이 생겨났습니다. 그리고 저는 '지혜로운 자'라고 불리게 되었습니다. 제가 어떤 주제로 누군가를 논박할 때마다[43] 함 23a

---

43   소크라테스가 정치가, 시인, 수공 기술자들을 논박하던 순간마다.

께 있던 이들이 그 주제에서는 저를 지혜로운 자라고 여기기 때문입니다.

하지만 실은 오, 사람들이여! 진정으로 지혜로운 자는 오직 신뿐이시며, 이 신탁[44]을 통해 신께서는 인간의 지혜가 거의 또는 아무런 가치도 없음을 말씀하고 계시는지도 모르겠습니다. 그리고 신께서 이 사람 소크라테스를 들먹이실 때, 저를 본보기로 삼아서 제 이름을 사용하시는 듯합니다. 마치 "오, 사람들이여! 그대들 가운데 가장 지혜로운 자는 소크라테스처럼 자신이 지혜에 관해 진실로 아무 가치도 없음을 인식하는 자이다"라고 말씀하시는 것처럼 말입니다.

이런 이유로 저는 지금까지도 돌아다니면서 신의 뜻에 따라서, 시민이든 이방인이든 제가 보기에 지혜롭다고 생각하는 누군가를 찾아 탐문하는 것입니다. 그래서 그가 지혜롭지 않다고 생각될 때, 저는 신을 도와서 그 사람이 지혜롭지 않음을 보여줍니다. 이런 일들을 하느라 저는 폴리스의 행사나 집안일을 할 여유가 없습니다. 더구나 신을 섬기다 보니 저는 엄청나게 빈궁한 상황에 처해 있습니다.

그뿐 아니라, 저를 따라다니는 젊은이들은 아주 부유한 이들

---

44 '소크라테스가 가장 지혜롭다'라는 신탁.

의 자식들이어서 충분히 여가가 있는 자들이고, 자발적으로 따라다니는 자들이며, 사람들이 심문당하는 것을 들으면서 즐거워합니다. 또한 그들은 종종 저를 흉내 내서 다른 사람들을 심문하려고 합니다. 제가 생각하기에, 이들은 뭔가를 안다고 생각하면서도 실제로 조금만 알거나 전혀 알지 못하는 사람들을 무더기로 발견합니다. 그 결과, 이 젊은이들에게 심문당한 사람들은 저에게 분노합니다. 자기 자신에게 화를 내는 대신에 말이지요. 그들은 말합니다.

"소크라테스라는 작자가 있는데, 그는 염병할 놈이고 젊은이들을 타락시킨다."

하지만 그들에게 소크라테스가 무슨 일을 하고 무엇을 가르치는지 아느냐고 물으면, 그들은 아무런 할 말이 없습니다. 알지 못하니까요. 그런데도 그들은 우왕좌왕하는 것처럼 보이지 않으려고, 철학을 탐구하는 모든 사람에게 항상 제기되는 비난거리들―'하늘 위의 것들과 땅 밑의 것들', '신들을 믿지 않음', '더 약한 논증을 더 강하게 만들다'―을 열거합니다. 제가 생각하기에, 그들은 진실을 고백하길 원치 않습니다. 사실은 그들이 아무것도 알지 못하면서 안다고 공언하는 것이 명백한데도 말입니다. 이들은 명예를 사랑하고 성급하며 숫자도 많지요. 따라서 제가 생각하기에, 이런 그들이 이미 오래전부터 그토록 강력하고 설득력

d

e

39

있게 저를 비방해온 만큼 여러분의 귀도 저에 대한 강력한 비방으로 가득 찬 듯합니다.

이에 힘입어서 멜레토스와 아뉘토스, 그리고 뤼콘이 저에게 송사를 제기했습니다. 멜레토스는 시인들을 대표하여 성내면서 그렇게 했고, 아뉘토스는 장인들과 정치가들을 대표했으며, 뤼콘은 연설가들을 대표했습니다. 따라서 서두에서 말씀드린 것처럼, 저를 이렇게 대단하게 만든 비방을 이토록 짧은 시간에 여러분의 마음에서 지울 수 있다면 놀라울 것입니다. 이것이 오, 아테나이 사람들이여! 여러분을 위한 진실입니다. 저는 크든 작든 조금도 감추거나 얼버무리지 않고 여러분에게 말씀드립니다. 물론 저도 분명히 압니다. 바로 이런 일들이 저의 대적자들을 만든다는 사실 말입니다. 이것이 제가 진실을 말하고 있다는 것을 보여주는 증거이고, 저에 대한 비방의 실체이며, 그 까닭이 이러하다는 증거입니다. 만약 여러분이 지금이든 차후이든 이 문제를 조사해보신다면 사정이 이와 같음을 알게 될 것입니다.

저의 첫 번째 비난자들이 저를 비난한 이유에 관해서는 이 정도면 여러분에게 충분한 변론이 되었다고 해둡시다. 지금부터는 훌륭하고 폴리스를 사랑하는 애국자라는 멜레토스―그는 자신이 이런 인물이라고 말합니다만―와 나중에 저를 고발한 자들에 맞서 변론해보도록 하겠습니다. 그러니까 마치 이들이 또 다른

24a

b

플라톤의 대화편 | 소크라테스의 변론

고발인인 듯 이들의 고발장을 다시 검토해봅시다. 고발장 내용은 대체로 다음과 같습니다.

"소크라테스는 젊은이들을 타락시키고 폴리스가 믿는 신들을 믿지 않으며 새로운 다른 신적 존재들을 믿으며 죄를 짓고 있다." 　　　c

이것이 고발 내용입니다. 각 항목을 하나씩 따져봅시다.

그러니까 멜레토스는 제가 젊은이들을 타락시키며 죄를 짓고 있다고 말합니다. 하지만 오, 아테나이 사람들이여! 저는 멜레토스가 유죄라고 생각합니다. 왜냐하면 그는 경솔하게 사람들을 재판정으로 소집했고, 자신이 전혀 관심 없는 것들도 심각한 체하고 관심을 가지는 체함으로써 심각한 일에 장난치는 죄를 짓고 있기 때문입니다.

사정이 이와 같음을 여러분에게 입증해보겠습니다.

오, 멜레토스여! 이리로 와서 저에게 말씀해주세요.[45] 당신은 　　　d
젊은이들을 최대한 훌륭하게 만드는 일을 지상 과제라고 여기시지요? 그렇지 않나요?

— 저는 그것이 중요한 일이라고 생각합니다.

그러면 자, 이제 이분들에게 말씀해주세요. 누가 젊은이들을

45　아테나이의 재판제도에 따르면 원고와 피고는 서로에게 반대 심문erōtēsis을 할 권리가 있었다.

디프로스에 앉아 있는 아폴론
퀼릭스kylix(도기 술잔)에 그린 그림(기원전 480~460년경). 델포이의 (사제의 것으로 추정되
는) 무덤에서 발견됐다. 그림을 보면 아폴론이 월계수 화환, 흰색 페플로스, 빨간색
히마티온(망토)과 샌들을 착용한 채 사자발 디프로스(등받이 없는 의자)에 앉아 있다.
그는 왼손에 현악기 키타라를 들고, 오른손으로 신주神酒를 따른다. 마주하고 있는
새는 까마귀로 추정된다.

(그리스 델포이고고학박물관 소장 | 사진: Zde, 2020)

더 훌륭한 자들로 만드나요? 당신은 그런 일에 관심이 있으니 이 것도 분명히 아실 테지요. 당신은 젊은이들을 타락시키는 자를 발견했다고 말하면서 저를 여기로 소환해서 고발하셨지요. 그러니까 자, 젊은이들을 더 훌륭하게 만드는 자가 누구인지 배심원들에게 말씀해주세요.

오, 멜레토스여! 당신이 침묵하고 있고 아무 말도 할 수 없다는 사실을 알고 계시나요? 그런데도 이것이 수치스러운 일이고, 제가 말씀드리는 바로 그것 —즉, 당신께서 이런 일에 전혀 관심을 가진 바 없다는 사실—의 충분한 증거라고 생각하지 않으시나요? 오, 훌륭한 자여! 말씀해주세요. 젊은이들을 더 훌륭한 자들로 만드는 게 누구입니까?

— 법률입니다.[46]

하지만 오, 최고로 훌륭한 자여! 제가 묻고 있는 바는 그게 아닙니다. 그전에 법률을 아는 게 어떤 사람인가요?

— 그건 오, 소크라테스여! 이분들, 그러니까 배심원들입니다.

무슨 말씀입니까? 오, 멜레토스여! 이분들이 젊은이들을 교육해서 더 훌륭한 자들로 만들 수 있다는 건가요?

— 당연하지요.

e

---

46   아테나이 민주주의자들의 일반적 생각이다.

모든 배심원이 다 그렇다는 건가요? 아니면 이들 중 어떤 사람들은 그렇지만 다른 이들은 그렇지 않다는 건가요?

— 모든 배심원이 그렇습니다.

헤라Hēra 여신께 맹세컨대, 참 좋은 소식입니다. 유익을 끼치는 분들이 아주 많다는 말씀이네요. 그렇다면 이건 어떤가요? 여기 법정에 참석한 이 청중들은 젊은이들을 더 훌륭한 자들로 만드나요? 그렇지 않나요?

— 이들도 젊은이들을 더 훌륭하게 만듭니다.

그러면 의회 의원들[47]은 어떤가요?

— 의회 의원들도 그렇습니다.

하지만 오, 멜레토스여! 혹시 민회에 참석한 자들과 민회 구성원들[48]이 젊은이들을 타락시키는 걸까요? 아니면 이 사람들도 전부 젊은이들을 더 훌륭하게 만들어주나요?

— 그 사람들도 젊은이들을 더 훌륭하게 만들어줍니다.

그렇다면 아마도 저를 제외한 모든 아테나이 사람들이 젊은이

---

47 아테나이 의회boulē는 500명의 시민들bouleutai로 구성되었으며, 민회ekklēsia에서 논의할 사안들을 준비하는 역할을 담당했다.

48 민회는 아크로폴리스 남서쪽 프뉙스 언덕에 소집되었으며 원칙상 모든 시민으로 구성된다. 따라서 민회 구성원들ekklēsiastai은 생소한 용어다. 아마도 이 단어는 '민회에 참석한 자들'의 반복 내지 보충 설명이라고 생각된다.

들을 아름답고 훌륭한 자들로 만들어주는 듯하군요. 반면에 저 혼자서 젊은이들을 타락시키고 있고요. 그렇게 생각하십니까?

— 정말이지, 제가 말하는 게 바로 그것입니다.

당신은 저를 대단한 곤경에 처하게 하는군요. 그러면 저의 질문에 답변해주세요. 당신은 말馬의 경우에도 사정이 같다고 생각하나요? 즉, 다른 모든 사람은 말들을 더 훌륭하게 만드는데, 단 한 사람이 말들을 망쳐놓는다는 건가요? 아니면 이와 정반대로, 말들을 더 훌륭하게 만드는 것은 단 한 사람 혹은 아주 소수—즉, 말 조련사—인 반면, 대부분의 사람들은 말들과 함께 있으면서 그것들을 다룰 경우 망치게 되나요? 오, 멜레토스여! 말들뿐 아니라 다른 동물들도 사정이 같지 않나요? 물론 사정은 같습니다. 당신이나 아뉘토스가 동의하든 동의하지 않든 말입니다. 만약 오직 한 사람이 젊은이들을 타락시키고 나머지 사람들은 젊은이들에게 유익을 준다면, 그건 젊은이들에게 큰 행운일 것입니다. 하지만 오, 멜레토스여! 당신이 젊은이들에게 신경 쓴 적이 없다는 사실이 이제 충분히 증명되었습니다. 그리고 당신은 자신의 무관심을 명백히 보여주고 계십니다. 저를 법정에 소환한 그 일들에 당신은 전혀 관심을 가진 적이 없으니까요.

오, 멜레토스여! 제우스께 맹세컨대, 우리에게 말해주세요. 유익을 끼치는 시민들 가운데서 사는 게 더 낫습니까? 아니면 악한

시민들 가운데서 사는 게 더 낫습니까? 오, 선생님이여! 답변해주
세요. 제가 어려운 질문을 하는 게 아니니까요. 악한 자들은 그들
과 늘 가까이 지내는 자들에게 나쁜 영향을 끼치는 반면, 선한 자
들은 좋은 영향을 끼치지 않나요?

— 물론 그렇습니다.

d 그렇다면 함께 지내는 자들에게 유익을 얻기보다 오히려 해를
입기를 바라는 사람도 있나요? 답변해주세요. 오, 선한 자여! 왜
냐하면 법률은 당신이 답변할 것을 명하니까요. 해를 입기를 바
라는 사람이 있나요?

— 물론 없지요.

그러면 자, 당신은 제가 젊은이들을 타락시켜 더 나쁜 자들로
만든다는 이유로 저를 법정에 소환하셨는데, 제가 의도적으로 그
렇게 했다는 건가요? 아니면 의도치 않게 그렇게 했다는 건가요?

— 물론 저는 당신이 의도적으로 그렇게 했다고 생각합니다.

그러면 이건 어떻습니까? 오, 멜레토스여! 당신은 이렇게 젊은
나이인데도 저같이 나이 든 사람보다 그토록 더 지혜로워,[49] 나쁜
자들은 자신과 가장 가까운 자들에게 항상 나쁜 영향을 끼치고

---

49 재판 당시 소크라테스는 70세였던 반면, 멜레토스는 아직 젊은 나이였다(《에우
튀프론》 2b8).

선한 자들은 선한 영향을 끼친다는 사실을 깨달았다는 건가요? 반면에 저는 너무도 무지해서, 만일 제가 함께 있는 자들 중 누군가에게 해악을 끼친다면, 그 때문에 저 또한 나쁜 일을 당할 위험에 처하게 될 테니까요. 설마 제가 이것조차 모른다고 생각하지는 않으시겠지요? 그래서 당신이 주장하듯이 제가 이렇게 어마어마한 악행을 의도적으로 저지르고 있다는 것입니까?

오, 멜레토스여! 저는 당신의 주장에 동의하지 않습니다. 그리고 저는 그 누구도 그럴 수 없다고 생각합니다. 그러니까 저는 사람들을 타락시키지 않거나, 설령 타락시키더라도 의도치 않게 그렇게 하는 것입니다. 따라서 어떤 경우든 당신은 거짓으로 증언하고 있습니다. 하지만 제가 의도치 않게 사람들을 타락시키고 있다면, 법률은 이런 실수 때문에 이곳 법정으로 소환하는 대신에 개인적으로 불러서 가르치고 훈계하라고 합니다. 왜냐하면 제가 저의 잘못을 깨닫게 되면 의도치 않게 저지르고 있는 잘못을 멈출 것이 분명하니까요. 그런데도 당신은 저와 함께 지내거나 저를 가르치기를 기피했고 거부했습니다. 그러고는 이곳 법정으로 소환했습니다. 배움을 필요로 하는 자가 아니라 처벌을 필요로 하는 자를 법정에 세우는 일이 적법한데도 말입니다.

오, 아테나이 사람들이여! 제가 말씀드린 바처럼 한 가지 사실이 이미 명백합니다. 멜레토스는 이런 일들에 관심을 가진 적이 없다는 사실 말입니다. 그럼에도 불구하고 우리에게 말해주세요. 당신은 오, 멜레토스여! 제가 어떻게 젊은이들을 타락시킨다고 말씀하시나요? 당신이 작성한 고발장에 따르면, 제가 젊은이들에게 폴리스가 믿는 신들을 믿지 말도록 가르쳤고 다른 새로운 신적 존재들을 믿도록 했다는데, 이게 분명한가요? 당신은 제가 젊은이들에게 이런 것들을 가르쳐서 타락시킨다고 말씀하시는 게 아닌가요?

— 물론 제가 말하는 바가 그것입니다.

그렇다면 오, 멜레토스여! 지금 우리가 논의하고 있는 바로 그 신들의 이름으로, 저와 여기 계신 분들께 더 명확하게 말씀해주세요. 왜냐하면 저는 당신이 뭐라고 말씀하시는지 이해하지 못하니까요. 제가 어떤 신들이 존재한다는 것을 믿으라고 사람들에게 가르치기는 하지만—그러면 이 경우에는 저 자신도 신들이 존재함을 믿으므로 제가 완전히 무신론자인 것은 아니고, 제가 이런 측면에서 유죄인 것도 아니게 됩니다.—제가 믿는 신들이 폴리스가 믿는 신이 아니라 다른 신들이라는 건가요? 그러니까 제가 다른 신들을 믿는다는 게 당신이 저에게 소를 제기하는 혐의인가요? 아니면 당신은 제가 신들의 존재를 전적으로 믿지 않으면서 다른 사람들에게도 그렇게 가르치고 있다고 말하는 건가요?

— 저는 후자를 말씀드리는 것입니다. 즉 당신이 신들을 전혀 믿지 않는다는 것입니다.

오, 놀라운 자 멜레토스여! 도대체 어떤 연유로 당신은 이런   d
말씀을 하시는 것입니까? 제가 다른 사람들이 믿는 것처럼 해나
달이 신이라는 것조차 믿지 않는다는 건가요?

— 제우스께 맹세컨대 오, 배심원들이여! 소크라테스는 결코 믿지 않습니다.
왜냐하면 그는 태양은 돌이고 달은 흙이라고 말하니까요.

오, 친애하는 멜레토스여! 지금 당신은 아낙사고라스를 고발
한다고 생각하시는 것입니까?[50] 당신은 여기 계신 배심원들을 이
렇게 경멸하십니까? 당신은 이분들이 완전히 까막눈이어서 클라
조메나이 출신 아낙사고라스의 책들이 이런 이야기들로 가득 차
있음을 알지 못한다고 생각하시는 건가요? 더구나 기껏해야 1드
라크마drachma[51]면 언제라도 도서판매소에서 구입할 수 있는 것들
을 젊은이들이 저에게 배운다는 것입니까? 만약 그런 주장이 자   e
신의 것인 양 소크라테스가 뻐긴다면—그들이 직접 아낙사고라
스의 책을 사서 확인해본 후—소크라테스를 비웃어줄 수도 있는

---

50 클라조메나이Klazomenai 출신 아낙사고라스Anaxagoras는 젊은 시절에 아테나이
    에 와서 자연철학을 연구했다. 그는 태초에 만물이 한데 뭉쳐 있다가 분화됨으
    로써 우주가 발생했다고 주장했는데, 최초의 운동을 일으킨 원동자를 지성nous
    이라고 불렀다. 하지만 아낙사고라스는 해와 달이 신임을 거부했다는 이유로 기
    원전 450년경 재판을 받았고, 결국 아테나이를 떠나야 했다.
51 고대 그리스의 화폐 단위. 1드라크마는 기원전 5세기 후반 일용 노동자의 하루
    일당 정도다.

데도 말입니다. 특히나 그 주장이 이토록 괴상망측한데도요? 그런데도 당신은 '오, 제우스께 맹세컨대!' 그렇게 생각하시나요? 제가 어떤 신도 존재하지 않음을 믿는다고요?

— 제우스께 맹세컨대, 당신은 절대로 신이 존재하지 않는다고 믿습니다.

오, 멜레토스여! 정말이지 당신 말씀은 믿기 어렵군요. 아마도 제가 생각하기에, 당신 스스로도 믿기 어려울 듯합니다. 왜냐하면 오, 아테나이 사람들이여! 제가 보기에 이분은 아주 오만하고 무절제하며, 단지 모종의 오만과 무절제, 혈기 왕성함 때문에 이 고발장을 작성했다고 생각되기 때문입니다. 이분은 마치 다음과 같은 수수께끼를 만들어 저를 시험해보려는 것 같습니다.

"이른바 지혜로운 자라는 소크라테스는 과연 내가 장난치고 있으며 모순된 말을 한다는 사실을 알아차릴까? 아니면 나는 그와 더불어 내 말을 듣고 있는 다른 사람들을 감쪽같이 속일 수 있을까?"

제가 생각하기에, 이 사람은 고발장에서 스스로 모순된 말을 하고 있다고 보입니다. 마치 이렇게 말하는 듯합니다.

"소크라테스는 신들을 믿지 않지만 동시에 믿음으로써 죄를 짓고 있다."

하지만 이것은 농담하는 사람이나 할 법한 말입니다.

그러면 오, 사람들이여! 저와 함께 살펴봐주세요. 어떤 근거로

이 사람이 그런 말을 한다[52]고 제가 생각하는지를 말입니다. 그리고 오, 멜레토스여! 우리에게 답변해주세요. 여러분은 제가 처음에 여러분에게 요청했던 것처럼, 설령 제가 평상시 익숙한 방식으로 논의해나가더라도 소란을 피우지 말아주시기 바랍니다.

오, 멜레토스여! 인간과 관련된 일들은 존재한다고 믿으면서도 인간이 존재함을 믿지 않는 사람이 있나요? 오, 사람들이여! 이 사람이 대답하도록 해주시고, 이러저러한 말들로 끼어들면서 소란을 피우지 못하도록 해주세요.[53] 말들의 존재를 믿지 않으면서도 말들과 관련된 일들은 존재한다고 믿는 사람이 있습니까? 또는 플루트 연주자의 존재를 믿지 않으면서도 플루트와 관련된 일들이 존재한다고 믿는 사람이 있나요? 오, 가장 훌륭한 자여! 그런 사람은 없습니다. 만약 당신이 대답하기를 원치 않으신다면, 제가 당신을 위해 그리고 여기 참석하신 다른 분들을 위해 말씀드리겠습니다. 하지만 적어도 다음 질문에는 답해주세요. 신적인 존재와 관련된 일들이 존재한다고 믿으면서도 신적 존재들이 있음을 믿지 않는 사람이 있나요?

b

c

---

52 즉, 멜레토스는 '소크라테스가 신들을 믿지 않지만 동시에 믿음으로써 죄를 짓고 있다'고 말함으로써 자가당착에 빠지고 있다.

53 지금 멜레토스는 자신이 함정에 빠졌다고 생각해서 소크라테스의 질문에 답변하지 않고, 이러저러한 말들을 쏟아내면서 소크라테스의 변론을 방해하고 있다.

― 그런 사람은 없습니다.

이렇게 친절히 답변해주셔서 어찌나 감사한지요. 물론 여기 계신 배심원들의 강요로 마지못해 어렵사리 답변하셨겠지만 말입니다. 그러니까 당신은 제가 어떤 신적 존재들이 존재함을 믿고 이를 가르친다고 말씀하고 계십니다. 그게 새로운 신적 존재이든 오래된 신적 존재이든 간에, 당신의 말씀에 따르면 적어도 저는 신적인 존재들을 믿고 있습니다. 당신도 고발장에 그렇게 맹세하셨지요. 그런데 만약 제가 신적 존재들daimonia이 존재함을 믿는다면, 정령들daimones[54] 또한 존재한다고 믿는 것이 아주 필연적입니다. 그렇지 않습니까? 물론 그렇습니다. 당신도 동의한다고 가정하겠습니다. 답변하지 않으시니까요. 그런데 우리는 정령들이 신들 혹은 신들의 자녀들이라고 생각하지 않나요? 여기에 동의하십니까? 아닙니까?

d

― 물론 동의합니다.

그렇다면 만일 당신이 말씀하시는 것처럼 제가 정령들을 인정하고 또 정령들이 일종의 신들이라면, 제가 말씀드리는 당신의 수수께끼와 장난이 바로 이것입니다. 즉, 당신은 제가 신들의 존

---

[54] 정령daimōn은 본래 신, 특히 어떤 신인지 불분명한 경우의 신을 가리키는 용어였으나 헤시오도스의《일과 나날들》122에는 황금시대 사람들의 영혼도 'daimones'라고 일컬어지고 있다.

재를 인정하지 않는다고 하면서도—제가 정령들을 인정한다는
점에서—다시 신들의 존재를 인정한다고 말씀하시니까요.

한편 만약 정령들이 신들의 자식이지만 뉨페들의 서자 혹은
전통적으로 이들의 부모라고 일컬어지는 다른 이들에게서 태어
난 서출이라면[55] 어떨까요? 도대체 어떤 사람이 신들의 자식들이
존재함을 인정하면서도 신들의 존재는 인정하지 않겠습니까? 그   e
건 마치 말과 당나귀의 새끼, 즉 노새가 존재함은 인정하면서도
말이나 당나귀가 존재한다는 사실은 받아들이지 않는 것과 마찬
가지로 괴상할 테니까요.

오, 멜레토스여! 당신이 이 고발장을 작성한 까닭은 우리를 시
험해보려고 했기 때문이거나, 저를 고발할 진짜 죄목을 찾지 못
해 갈팡질팡했기 때문이 아닐 수 없습니다. 하지만 당신은 지성
을 조금이라도 가진 사람을 설득할 방도가 없습니다. 같은 사람
이 신적 존재들과 신적인 것들이 존재함을 믿으면서 동시에 정령   28a
들이나 신들이나 영웅들이 존재함을 받아들이지 않는다는 것은
도무지 설득력이 없으니까요.

하지만 오, 아테나이 사람들이여! 제가 멜레토스의 고발장대로

---

[55]   소크라테스는 인간 아버지와 여신 어머니 사이에서 태어난 반신의 경우를 예로
       들고 있다.

포테이다이아 전투에서 알키비아데스를 구하는 소크라테스

덴마크 화가 카르스텐스Jakob Asmus Carstens(1754~1798년)가 그린 그림(1788년)을 바탕으로 독일 시인 뮐러Wilhelm Müller(1794~1827년)가 만든 판화. 포테이다이아 전투(기원전 432년에 벌어진 아테나이와 코린토스 사이의 전투)에서 소크라테스가 알키비아데스를 구하는 장면이다. 플라톤에 따르면 소크라테스는 펠로폰네소스전쟁 중 포테이다이아 전투, 델리온 전투, 암피폴리스 전투에 참전했다.

죄를 짓고 있지 않다는 것에는 더 이상의 변론이 필요치 않으며 지금까지 말한 것으로 충분하다고 생각됩니다. 다만 제가 앞서[56] 말씀드린 바, 즉 저에 대한 많은 반목이 많은 사람들 사이에 생겨났다는 사실은 여러분도 분명 잘 아시겠지요. 만약 저에게 유죄 선고가 내려진다면 바로 이 때문일 것입니다. 다시 말해 저를 고발하는 것은 멜레토스나 아뉘토스가 아니라, 많은 이들의 비방과 시기라는 것이지요. 이것이야말로 다른 많은 선한 사람들을 유죄 판결로 이끈 것인데, 제 생각에는 또다시 그렇게 할 것으로 보입니다. 그것이 저에게서 그치게 될 까닭이 없습니다.

b

아마도 혹자는 이렇게 말할 것입니다.

"오, 소크라테스여! 당신은 부끄럽지도 않소? 지금 당신을 죽음으로 이끌 위험이 있는 그런 일을 소일거리로 삼다니 말이오."

하지만 저는 그에게 다음과 같은 정당한 답변을 하겠습니다.

"오, 사람이여! 당신이 틀렸습니다. 어떤 사람이 조금이라도 가치 있다고 생각하는 행동을 하면서, 생사의 위험을 무릅써야 한다고 생각하신다면 말입니다. 단지 자신의 행동이 옳은지 그른지 선한 사람의 행동인지 나쁜 사람의 행동인지를 따져보는 차원을 넘어섭니다. 왜냐하면 당신 말씀에 따르면 트로이아Troia에

c

---

56   23a1 이하.

서 운명한 반신반인 용사들은 멍청이들일 테니까요. 이들 중에는 다른 이들뿐 아니라 테티스Thetis의 아들[57]도 있었는데, 그는 자신이 감내해야 했던 수치와 비교해서 죽음의 위험을 가벼이 여겼습니다. 헥토르Hektōr를 죽이려는 열의로 충만한 그에게 여신인 그의 어머니가 경고했습니다. '오, 내 아들아! 만약 네가 네 친구 파트로클로스Patroklos의 죽음을 복수하고자 헥토르를 죽인다면 너도 죽을 것이다. 왜냐하면 헥토르 다음에는 곧바로 너에게 죽음의 운명이 예정되어 있기 때문이다'[58]라고 — 제 기억으로는 아마 이와 비슷하게 말한 것 같습니다만 — 말입니다. 그런데도 그는 죽음과 위험을 대수롭지 않게 여겼습니다. 그는 겁쟁이kakos[59]로 살면서 친구들의 복수를 하지 못하는 것을 훨씬 더 두려워했으니까요. 그는 이렇게 말했다고 합니다. '불의한 자에게 정의의 심판을 내린 다음 저는 곧바로 죽으렵니다. 여기 남아서 속이 우묵하게 파인 함선 곁에서 웃음거리가 되어 괜스레 대지에 짐만 되느니 말입니다.'[60] 당신은 그가 죽음과 위험을 염두에 두었다고 생각하시나요?"

---

57 즉, 아킬레우스.
58 《일리아스》 18.96.
59 본래 의미는 '나쁜 자' 또는 '형편없는 자'이다.
60 《일리아스》 18.104.

오, 아테나이 사람들이여! 실상은 이렇습니다. 만약 누군가가 최선이라고 생각해서 스스로 어떤 곳에 주둔하거나 지휘관이 배치시켰다면, 제가 보기에는 그곳에 머무르면서 위험을 무릅쓰는 것이 마땅하다고 생각됩니다. 불명예 외에는 죽음이나 다른 어떤 것도 고려하지 않으면서 말입니다.

오, 아테나이 사람들이여! 저를 지휘하도록 여러분이 선출해주신 지휘관들[61]이 저를 포테이다이아, 암피폴리스 그리고 델리온[62]에 배치시켰을 때, 저는 다른 병사들과 마찬가지로 죽을 위험을 무릅쓰고 지휘관들에게 배치받은 곳을 사수했습니다. 만일 제가 생각하고 추측하기에 신께서 저에게 지혜를 사랑하면서 살도록 명하시고 저 자신과 다른 사람들을 검토하면서 살도록 명하셨는데도, 제가 죽음이나 그 밖의 다른 어떤 것이 두려워서 이 직책을 저버린다면, 이것은 끔찍한 행동일 것입니다. 이는 그야말로 끔찍

e

29a

---

61 기원전 5세기경 아테나이의 많은 공직은 추첨으로 선발되었다. 이 때문에 소크라테스도 500인 의회 의원으로 선발되어 국가 중대사를 심의하기도 했다. 하지만 다른 공직과 달리 군사 지휘관은 선거cheirotonia로 선출되었다.

62 포테이다이아(또는 포티다이아) 전투(기원전 432년)와 델리온 전투(기원전 424년) 그리고 암피폴리스 전투(기원전 422년)는 모두 펠로폰네소스전쟁 중의 전투였으며, 소크라테스는 세 전투 모두에 참전했다. 특히 소크라테스는 포테이다이아 전투에서 부상한 알키비아데스를 구출하는 용기를 발휘했다(《향연》 219e~221b).

한 일이고, 제가 신이 존재함을 믿지 않는다는 이유로 누군가가 저를 법정에 세우더라도 정당한 과실일 것입니다. 왜냐하면 저는 신탁에 불순종했고 죽음을 두려워했으며 지혜롭지도 않으면서 스스로 지혜롭다고 생각했기 때문입니다. 단언컨대 오, 사람들이여! 죽음을 두려워하는 일이야말로 지혜롭지 않으면서 지혜롭다고 생각하는 것에 불과하니까요. 그건 자신이 알지도 못하는 것을 안다고 생각하는 일입니다. 죽음이 인간에게 생길 수 있는 모든 좋은 일 중에서 최고일지는 아무도 알지 못합니다. 그런데도 사람들은 마치 죽음이 나쁜 일 중의 최고임을 잘 알고 있다는 양 죽음을 두려워합니다. 자신이 알지 못하는 것을 안다고 생각하는 것이 어떻게 부끄러운 무지가 아니겠습니까?

오, 사람들이여! 아마도 이 문제에서도 역시 저는 '많은 사람들과 이만큼 다른'[63] 듯합니다. 그리고 만약 제가 어떤 것에서 누군가보다 더 지혜롭다고 주장할 수 있다면 그것은 다음과 같은 점, 즉 제가 하데스의 일들을 충분히 알지 못하면서 안다고 생각하지 않는다는 점에 있을 것입니다. 한편 자신보다 더 훌륭한 자—신이든 사람이든—에게 불순종함으로써 죄를 짓는 일이 나쁜 것이고 수치스러운 일임을 저는 압니다. 따라서 저는 나쁘다는 선입

---

63   또는 많은 사람들보다 이만큼 우월한.

견을 가지기보다, 어쩌면 좋은 일일지도 모르므로 무턱대고 두려
워하거나 피하지 않을 것입니다.

지금 여러분이 아뉘토스의 요구를 받아들이지 않고 저를 석방   c
해주신다고 합시다. 그는 당신들에게 이렇게 말했지요.

"애초에 소크라테스를 이곳 법정으로 소환하지 말았어야 했으
나 그러지 못했고, 일단 소환했으니 그를 사형시키지 않을 수 없
습니다. 만약 그가 풀려난다면, 여러분의 아들들이 소크라테스의
가르침을 연마하다 모조리 타락할 것입니다."

만약 이런 주장들에 대해 여러분이 저에게 다음과 같이 말씀
하신다고 가정해봅시다.

"오, 소크라테스여! 우리는 지금 아뉘토스의 말에 따르지 않고
당신을 풀어주겠습니다. 하지만 조건이 있습니다. 당신은 더 이
상 이런 탐구로 시간을 보내서도 안 되고, 지혜를 사랑하는 일[64]
을 해서도 안 됩니다. 만약 당신이 또다시 이런 일을 하다가 붙잡
힌다면 그때는 죽게 될 것입니다."   d

제가 지금 말씀드린 것처럼 여러분이 이런 조건으로 저를 풀어
주신다면, 저는 여러분에게 다음과 같이 말씀드릴 것입니다.

"오, 아테나이 사람들이여! 저는 여러분에게 경의를 표하며 여

---

64   philosophein: 철학 하는 것.

러분을 사랑합니다. 하지만 저는 여러분보다는 신께 순종할 것입니다. 살아 숨 쉬는 그날까지 그리고 할 수 있는 한, 저는 지혜를 사랑하는 일을 결코 멈추지 않을 것입니다. 여러분 중 누구를 만나게 되든지, 늘 여러분에게 권면하고 입증하면서 말입니다. 저는 늘 하던 대로 이렇게 말씀드릴 것입니다. '오, 가장 훌륭한 자여! 당신은 아테나이 시민이며, 이 나라는 가장 위대하고 지혜와 힘으로 가장 저명한 폴리스입니다. 그런데도 당신은 부끄럽지 않습니까? 돈과 좋은 평판, 명예는 가능한 한 최대로 얻으려고 보살피면서도 현명함과 진리, 그리고 영혼의 상태를 최선으로 만드는 일은 보살피지도 않고 신경 쓰지도 않으니 말입니다.' 만약 여러분 중 누군가가 '저는 그런 일을 보살핍니다'라고 주장하면서 이의를 제기한다면, 저는 그를 곧바로 돌려보내지 않을 것이고 제가 떠나지도 않을 것입니다. 저는 그에게 질문을 던지고 그를 검증해볼 것이며 논박할 것입니다. 그리고 제가 보기에 그 사람이 탁월함arete을 갖고 있지 않은데도 가졌다고 주장하는 듯하면, 저는 이렇게 꾸짖을 것입니다. '당신은 가장 가치가 큰 것들은 업신여기면서 더 보잘것없는 것들은 중시하는군요.' 저는 제가 만나는 사람이라면 누구에게나 이렇게 할 것입니다. 젊은 사람이든 나이든 사람이든, 이방인이든 시민이든 말입니다. 시민들에게는 더 그렇게 할 것입니다. 왜냐하면 여러분은 혈통이 그만큼 저와 더 가

e

30a

까우니까요."

신께서 이런 일들을 저에게 명령하신다는 것을 여러분도 잘 알아두세요. 우리 폴리스에서 신을 향한 저의 이런 섬김hypēresia[65] 보다 더 좋은 일이 어느 누구에게도 일어난 적이 없을 것입니다. 제가 하는 일은 다름 아니라 여기저기 돌아다니면서 여러분 가운데 젊은이들과 나이 든 분들을 설득하는 것입니다. 영혼을 최대한 좋은 상태로 머물게 하기도 전에 육체나 돈을 돌아보아서는 안 되며, 그 못지않게 열심히 추구해서도 안 된다고요. 저는 다음과 같이 말씀드립니다.

"돈에서 탁월함이 생겨나는 게 아니라, 탁월함에서 돈과 사람들에게 좋은 다른 모든 것들이 생겨납니다. 사적 영역에서든 공적 영역에서든 말입니다."

이런 말을 하면서 제가 젊은이들을 타락시키는 것이라면, 이 말들이 해로운 것이겠지요. 하지만 제가 이와 다른 것들을 말한다고 누군가가 주장한다면 그건 헛소리입니다. 그의 말에 맞서

b

---

65 본래 휘페레시아hypēresia는 '선박에서 노 젓는 일'을 가리키는 용어였다. 아테나이의 주력이 해군이었으므로 노 젓는 일은 군대의 근간을 이루는 매우 중요한 일이었다. 하지만 노 젓는 자들은 중갑보병 역할을 할 수 있을 만큼의 경제적 능력조차 결여된 최하층 시민이었다. 자신의 소명을 신에 대한 'hypēresia'로 규정하면서, 소크라테스는 자신이 마치 노 젓는 사람처럼 남들에게 천시받는 일을 하고 있지만, 이 일이 폴리스와 시민들의 안녕을 위해 필수 불가결한 것임을 시사하고 있다.

저는 이렇게 말할 것입니다.

"오, 아테나이 사람들이여! 여러분은 아뉘토스의 말에 따를지 말지 생각하지 마시고, 저를 풀어줄지 말지 생각해주세요. 제가 다른 행동을 할 리는 없으니까요. 설령 여러 번 죽게 되더라도 말입니다."

소란을 피우지 말아주세요. 오, 아테나이 사람들이여! 제가 말씀드리는 내용을 가지고 이러니 저러니 하면서 방해하지 말고 계속 들어주세요. 왜냐하면 제가 생각하기에는, 저의 말을 듣는 것이 여러분에게도 유익할 테니까요. 지금 저는 아마도 여러분이 고함을 지를 만한 다른 말들을 여러분께 하려는 참입니다. 하지만 결코 그렇게 하지 말아주세요. 왜냐하면 여러분이 저를—저는 지금 말씀드린 바와 같은 그런 사람입니다만—죽인다면 저보다 여러분 자신에게 더 큰 해를 끼치게 될 테니까요. 그걸 잘 알아두셨으면 합니다. 멜레토스나 아뉘토스는 저를 해칠 수 없습니다. 그럴 능력조차 없으니까요. 제가 생각하기에 더 나은 사람이 더 열등한 사람에게 해를 입는다는 것은 가당치 않으니까요. 물론 그가 저를 죽이거나 추방하거나 시민권을 박탈할 수도 있습니다. 아마도 이 사람[66]은 그런 일이 대단히 나쁜 일이라고 생각할 것

---

[66]   소크라테스는 멜레토스 또는 아뉘토스를 가리키면서 말하고 있다.

이고, 다른 사람들도 그렇게 생각하겠지요. 하지만 저는 그렇게 생각하지 않습니다. 오히려 저는 지금 이 사람이 하는 일, 즉 불의하게 사람을 죽이려고 시도하는 것이야말로 훨씬 더 나쁜 일이라고 생각합니다.

오, 아테나이 사람들이여! 지금 저는 결코 혹자가 생각하듯 저 자신을 위해 변론하는 것이 아닙니다. 여러분을 위해 변론하는 것입니다. 저에게 유죄판결을 내려, 신께서 여러분에게 허락하신 선물을 함부로 대하는 죄를 짓지 않도록 말입니다. 여러분이 저를 사형시키신다면, 진실로 저와 같은 또 다른 사람을 발견하기는 쉽지 않을 테니까요. 이렇게 말하면 우습겠지만, 신께서 저를 이 폴리스로 보내셨습니다. 마치 거대하고 품종은 좋지만 큰 덩치 때문에 느릿느릿한 말이 쇠파리에게 자극을 받아 몸을 일으켜 세우는 것처럼, 제가 생각하기에는 신께서 같은 이유로 저를 이 폴리스에 데려다놓으셨습니다.

저는 이런 사람이기에 쉬지 않고 여러분 한 사람 한 사람을 일깨우고 설득하며 꾸짖습니다. 온종일 어디든지 여러분에게 날아가 붙어 앉아서 말입니다. 그러니까 오, 사람들이여! 저와 같은 사람을 여러분 곁에서 쉽사리 만날 수 없을 것이고, 여러분이 저의 조언을 받아들인다면 저를 살려주시겠지요. 하지만 아마도 여러분은 낮잠 자다가 깬 사람처럼 화가 나서 저를 때리면서 아뉘

e

31a

토스의 말을 믿고 저를 쉽게 죽일 것입니다. 그러고는 남은 생애를 자면서 보내겠지요. 만약 신께서 여러분을 보살피셔서 다른 사람을 보내주지 않는다면 말입니다.

여러분은 제가 신이 폴리스에 주신 사람이라는 사실을 분명히 깨닫게 될 것입니다. 제 모든 일을 등한시하고 그토록 오랜 세월 동안 집안 살림살이까지 내팽개치면서 감내하기란 인간의 본성을 좇는 일이 아니기 때문[67]입니다. 저는 (제 일은 다 팽개친 채) 늘 여러분과 함께했습니다. 마치 아버지나 형처럼 여러분을 개인적으로 방문해서 각자의 탁월함을 돌보도록 권면했지요. 제가 이런 일들을 하며 이득을 얻고 이런 일을 권면함으로써 보수를 받았다면, 그럴[68] 만한 충분한 이유가 있다고 할 수 있겠지요. 하지만 지금 여러분 자신도 보실 수 있습니다. 저를 고발한 자들이 이토록 뻔뻔스럽게 다른 모든 죄목으로 저를 고발하면서도, 제가 한 번이라도 무슨 보수를 취했다거나 누군가에게 보수를 요구했다고 증언할 증인을 제시할 만큼 뻔뻔스러운 짓을 저지를 수 없다는 사실을요. 왜냐하면 제가 보기에, 저 자신이 진실을 충분히 말하고 있음을 보여줄 수 있는 증인, 즉 저의 가난을 내세울 수 있기 때

---

67 다시 말해 인간의 한계를 넘어선 일이었기 때문.
68 소크라테스가 자기 일과 가정을 소홀히 했다는 것.

문입니다.

제가 돌아다니면서 사적으로는 이런 것들을 조언하고 오지랖 넓게 남의 일에 참견하면서도 공적으로는 대중 집회에 나아가 폴리스에 조언하려 하지 않았습니다. 아마도 여러분에게는 그것이 이상한 일이라고 생각될 것입니다. 하지만 여러분도 들으셨겠지만 제가 때때로 여러 곳에서 말씀드렸는데, 그 이유는 어떤 신적인 일과 신적 계시가 저에게 일어났기 때문입니다. 멜레토스도 이런 것들을 조롱하면서 고발장에 기록해놓았지요. 이런 일은 제가 어렸을 때 시작되었습니다. 즉 어떤 소리가 저에게 들리기 시작하는데, 이 소리는 늘 제가 하고자 하는 바를 막을 뿐, 결코 어떤 일을 하도록 부추기지는 않습니다. 이 소리는 제가 정치적 활동을 하는 것을 반대하는데, 제 생각에는 이 반대가 매우 좋은 것 같습니다.

d

왜냐하면 오, 아테나이 사람들이여! 이것을 여러분이 잘 알아두셨으면 합니다만, 제가 정치적인 일을 행하고자 했다면 벌써 오래전에 죽었을 것이고, 여러분이나 저 자신에게 아무런 유익을 주지 못했을 테니까요. 제가 진실을 말씀드린다고 해서 화내지는 마세요. 여러분이나 다른 군중들에게 용감히 맞서 폴리스에서 많은 불의와 불법이 생겨나는 것을 막고서도 목숨을 부지할 사람은 아무도 없으니까요. 진실로 정의를 위해 싸우는 자가 짧은 시간

e

32a

소크라테스의 연설

벨기에 화가 르브룅Louis Joseph Lebrun이 그린 작품(1867년).

(출처: 소더비경매장)

동안이라도 더 목숨을 부지하려면 사인私人으로 살아야지 공적인 일에 개입하면 안 됩니다.

위의 사실을 뒷받침하는 강력한 증거—즉, 말이 아니라 여러분이 중시하는 것인 행동—를 제시하겠습니다. 제가 경험한 것을 들어보세요. 제가 죽는 게 두려워서 정의로움을 등지고 어느 누구에게라도 굴복하지는 않을 것이고, 이 사실을 여러분이 깨달을 수 있도록 말입니다. 설령 굴복하지 않아 죽게 되더라도 그렇게 하지 않을 것입니다. 저는 법정에서 흔히 회자되는 저속한 이야기[69]—하지만 진실한 이야기—를 여러분에게 말씀드릴 것입니다.

오, 아테나이 사람들이여! 저는 의회에서 의정 활동을 한 것 외에 폴리스에서 공직이라곤 가져본 적이 없습니다. 그런데 우리 안티오키스Antiochis 부족[70]이 의회 운영위원단을 맡게 되었을   b

---

69   당시 아테나이 법정에 선 피고인들은 자신이 국가를 위해 얼마나 많이 봉사했는지를 자랑함으로써 배심원들의 환심을 사고자 했다. 소크라테스는 이런 피고인들의 행태를 풍자하면서, 자신은 오직 진실만을 이야기할 것을 다짐한다. 소크라테스는 두 사례를 예로 들고 있다. 첫 번째 사례는 그가 분노한 민중에 반해서 자신의 견해를 고수한 일이고, 두 번째 사례는 30인 과두정의 불의한 명령에 불복종한 일이다. 이를 통해 소크라테스는 자신이 어떤 정치 세력에도 편향되어 있지 않으며, 오로지 진실만을 추구했고 불의를 행하는 것을 거부했음을 보여주고 있다.

70   아테나이는 10개의 부족phylē으로 구성되었으며, 각 부족에서 50명씩, 전체

때, 여러분은 해전 중인 자들을 구하지 못한 장군 10인을 한꺼번에 심리하려고 의결했습니다.[71] 하지만 이는 불법이었지요. 여러분 모두가 나중에 인정하셨던 것처럼 말입니다.[72] 그때 운영위원 중 저 혼자만 여러분의 불법적 행위에 반대했고 반대표를 던졌지요.[73] 그러자 연설가들은 저를 고발하고 체포할 태세였고, 여러분도 고함치면서 그렇게 하라고 명령했습니다. 하지만 저는 결박이나 죽음이 두려워서 불의한 결정을 내리는 여러분과 동조하기보다는, 차라리 법과 정의 편에 서서 위험을 감수해야 한다고 생각했습니다. 이런 일은 폴리스가 아직 민주정 치하였을 때 생긴 일이었습니다. 한편 과두정이 들어선 후 30인 통치자가 저를 포함해서 다섯 사람을 원형 청사로 부른 적이 있습니다. 살라미스Salamis

500명이 의회를 구성했다. 의회의 주요 업무는 민회를 준비하는 것이었는데, 각 부족이 돌아가면서 번갈아 운영위원단prytaneis 업무를 수행했다.

71 아르기누사이 전투(기원전 406년)에서 아테나이 해군은 스파르타 군대를 무찔러 승리했다. 하지만 전투 후 폭풍이 몰아쳐서 아테나이 군대는 부상당한 생존자들을 구하고 전사자들의 시신을 본국으로 소환하는 데 실패했다. 이 사건은 아테나이 시민들을 분노하게 했고, 결국 해군을 지휘한 장군들 중 2명은 망명했고 6명은 사형을 당했다(크세노폰《헬레니카》1.7 참고).

72 나중에 아테나이 민중은 후회했지만 이미 사형이 집행된 후였다(크세노폰《헬레니카》1.7.35 참고).

73 크세노폰에 따르면, 몇 사람이 아테나이 군중의 불법적 행동에 반대했지만 군중의 위협에 굴복했고 결국 소크라테스 혼자 불법적 재판에 끝까지 반대했다.

출신 레온Leōn[74]을 사형시키고자 살라미스에서 잡아오도록 명령
했지요. 그들은 다른 많은 이들에게도 이런 일들을 숱하게 명령
하곤 했습니다. 가능한 한 많은 사람들을 자신들의 죄에 연루시
키기를 원했으니까요.

하지만 그때에도 저는 말뿐만이 아니라 행동으로 다시 보여주   d
었습니다. 저에게는 죽는 게 문제가 아니며, 무슨 일이든 불의나
불경스러운 일을 저지르지 않는 것이 오로지 저의 관심사라는 사
실을 말입니다. 물론 이렇게 말씀드리는 게 다소 직설적일 수도
있겠지만요. 비록 그 정권[75]은 강력했지만, 제가 어떤 불의한 일
을 저지르게 할 정도로 두렵게 만들지는 못했습니다. 우리가 원
형 청사 밖으로 나왔을 때, 나머지 네 사람은 살라미스섬에 가서
레온을 체포한 반면, 저는 거기서 떠나 집으로 갔습니다. 만약 그
정권이 신속히 무너지지 않았다면,[76] 아마도 저는 위의 일 때문에
사형을 당했을 것입니다. 이 사실을 증언해 줄 많은 증인들이 여   e
러분 앞에 있습니다.

여러분은 제가 어떻게 이렇게 오랫동안 살아남을 수 있었을

---

74 레온은 장군이자 민주주의 신봉자였으며, 흠잡을 데 없는 품성을 가졌다고 알려
     진다.
75 30인 과두정.
76 30인 과두정은 8개월 만에 무너졌다.

것이라고 생각하십니까? 제가 공적 업무를 수행하고, 정의를 수호하면서 선한 사람에 걸맞은 행동을 하며, 이런 일을 마땅히 그래야 하듯 가장 중요한 일로 여겼다면 말입니다. 오, 아테나이 사람들이여! 만일 제가 그렇게 살았다면 결코 이렇게 오래 살지 못했을 것입니다. 저뿐 아니라 어느 누구라도 살아남지 못했을 것입니다. 전 일생 동안 공적으로든—혹시라도 제가 어디서 무슨 공적인 일을 했다면—아니면 사적으로든 항상 같은 사람이었습니다. 즉, 저는 저를 비방하는 자들이 저의 제자라고 주장하는 사람들[77] 가운데 누구든 혹은 다른 어떤 사람이든 그 누구와도 정의에 반하는 일에 동조한 적이 없습니다.

사실 저는 결코 어느 누구의 선생이 되어본 적도 없습니다. 하지만 저의 말과 제가 행하는 일들—젊은 사람이든 연로한 사람이든—을 누군가가 듣고자 한다면, 저는 결코 이를 못마땅하게 여기지 않았습니다. 돈을 받을 때만 대화해주고 돈을 받지 않으면 대화를 거부하는 대신, 부자에게나 가난한 자에게나 똑같이 질문하라고[78] 제 자신을 내어놓습니다. 제 말을 듣고 싶어 하

77 특히 크리티아스와 알키비아데스. 크세노폰에 따르면, 크리티아스와 알키비아데스는 자신이 원하는 바를 얻자마자 소크라테스를 버리고 정치에 입문했다 《소크라테스 회상》 1,2,26).

78 소크라테스가 대화 상대자에게 질문을 던지도록 또는 소크라테스에게 대화 상

는 사람이 있다면 말입니다. 그 사람들 중 누가 훌륭하게 되고 말고는 마땅히 저의 책임이라고 볼 수 없습니다. 저는 어느 누구에게도 이런 가르침을 약속한 바 없고 가르친 적도 없으니까요. 그런데도 저에게 뭔가를 배운 적이 있고, 다른 어떤 사람도 들은 적 없는 이야기를 개인적으로 들었다고 말한다면, 이는 진실이 아님을 여러분은 잘 알아두세요.

그렇다면 몇몇 사람들은 도대체 왜 많은 시간을 저와 함께 지내면서 즐거워하는 걸까요? 오, 아테나이 사람들이여! 여러분은 c 이미 그 이유를 익히 들어서 알고 계십니다. 왜냐하면 제가 여러분에게 모든 진실을 말씀드렸으니까요. 사람들은 스스로 지혜롭다고 여기지만, 실제로 그렇지 않은 자들이 검증받는 것을 들으면서 즐거워합니다. 이는 불쾌한 일이 아니니까요. 하지만 제가 생각하기에, 이런 일은 신께서 저에게 명하신 일입니다. 신탁과 꿈 그리고 모든 계시 수단―신적 운명이 사람에게 무슨 일을 하도록 명령하는―으로 말입니다.

오, 아테나이 사람들이여! 이는 진실이며 쉽게 입증할 수 있습니다. 만약 제가 일부 젊은이들을 지금 타락시키고 있고 또 다 d 른 젊은이들을 이미 타락시켰다면, 이들 중 누군가가 나이 든 후

대자가 질문을 던지도록.

에 이 사실―즉, 그들이 젊었을 때 제가 그들에게 나쁜 조언을 했다는 것―을 깨달았을 때 저를 고발하고 벌주고자 이곳 법정에 직접 설 테니까요. 혹시 이들이 원치 않는다고 해도 그들의 집안사람들 중 누군가, 즉 아버지든 형제든 다른 친척들이든 지금 사실을 상기해서 저를 벌해야 합니다. 자기 집안사람 중 누군가가 저 때문에 어떤 해를 입었다면 말입니다. 여하튼 이들 중 많은 분이 지금 여기에 참석하고 계십니다. 먼저 여기 계신 크리톤

은 저와 동년배이고 같은 시市: dēmos 출신이며, 여기 참석한 크리토불로스Kritoboulos의 아버지입니다. 다음으로 스페토스Sphettos 출신 뤼사니아스Lysanias는 여기 참석한 아이스키네스Aischinēs의 아버지입니다. 또 케피시아Kēphisia 출신 안티폰Antiphōn이 여기 계시는데, 그는 에피게네스Epigenēs의 아버지입니다. 그리고 자기 형제가 저와 함께 시간을 보냈던 분들도 여기 참석하셨습니다. 테오조티데스Theozotidēs의 아들이자 테오도토스Theodotos의 형제―테오도토스는 이미 사망했으므로 자기 형제를 설득할 길이 없습니다만―니코스트라토스Nikostratos와 데모도코스Dēmodokos의 아들 파랄리오스Paralios―그의 형제는 테아게스Theagēs입니다.―도 여기 계십니다. 아리스톤Aristōn의 아들 아데이만토스Adeimantos도 참석하셨는데 그의 형제는 플라톤Platōn입니다. 아이안토도로스Aiantodōros도 참석하셨는데 여기 계신 아폴로도로스Apollodoros가

그의 형제입니다.

그 외에도 다른 많은 분들을 여러분에게 거명할 수 있는데, 멜레토스는 법정 연설 중 당연히 이들 가운데 누군가를 증인으로 내세워야 했습니다. 하지만 그가 깜박 잊었다면 지금 증인으로 세우도록 하세요. 그리고 그런 증거가 있다면 말하라고 하세요. 제가 발언권을 양보하겠습니다. 하지만 오, 아테나이 사람들이여! 여러분은 사실이 이와 정반대라는 것을 알게 되실 것입니다. 그들 모두 저를 도울 준비가 되어 있으니까요. 설령 멜레토스와 아뉘토스가 말하듯이 제가 이들을 타락시키고 이들의 집안사람들에게 해를 끼치고 있는데도 말입니다. 물론 저 때문에 타락한 사람들이 저를 돕는 데는 아마도 이유가 있을 것입니다. 하지만 타락한 이들의 친척들—즉, 타락하지 않은 연장자들—은 올바르고 정당한 이유—멜레토스가 거짓말하고 있고 제가 진실을 말하고 있음을 그들이 알고 있기 때문—가 아니라면 다른 무슨 이유로 저를 돕겠습니까?

자, 사람들이여! 제가 변론할 수 있는 범위는 여기까지인 듯합니다. 하지만 여러분 중 누군가는 자신의 경우를 떠올리며 분개할지도 모르겠습니다. 그 사람은 이 재판보다 경미한 사건으로 재판을 받으면서도 최대한 불쌍하게 보이도록 많은 눈물을 흘렸지요. 그리하여 아이들은 물론 다른 많은 집안사람과 사랑하는

b

c

이들을 법정으로 불러서 배심원들에게 애원하고 탄원했지요. 그런데 저는 극한의 위기라고 생각되는 지금 상황을 무릅쓰면서도 이런 일들을 하나도 하지 않으려 하니 말입니다. 아마도 혹자는 이런 생각을 하면서 저에 대한 생각이 더욱 굳어져 화가 나서 분노의 투표를 할 것입니다. 여러분 중 누군가가 그러하시다면—물론 저로서는 그런 분이 계시지 않으리라 기대하지만 혹시라도 그런 분이 계시다면—그런 분에게는 다음과 같이 말씀드리는 게 적절할 것이라고 생각합니다.

"오, 가장 훌륭한 자여! 저에게도 집안사람이 몇 있긴 합니다. 호메로스Homeros의 말씀처럼 저도 '떡갈나무나 바위가 아닌'[79] 사람에게서 태어났으니까요. 그러니까 오, 아테나이 사람들이여! 저에게도 가족이 있고, 세 아들이 있는데 하나는 벌써 청년이고 나머지 둘은 어린아이입니다.[80] 그렇지만 저는 자식들 중 어느 누구를 여기로 불러서 무죄 선고를 내려달라고 여러분에게 사정하지 않을 것입니다."

---

79 《오뒷세이아》 19.163.
80 세 아들의 이름은 각각 람프로클레스Lamprokles, 소프로니스코스Sophroniskos, 메넥세노스Menexenos였다. 맏아들인 람프로클레스는 크세노폰의 《소크라테스 회상》 2.2에 등장하는데, 어머니 말을 잘 안 듣는 청년으로 묘사되고 있다. 한편 막내아들은 소크라테스가 사형을 당했을 때 아직 어머니 품에 안겨 있던 아기였다(《파이돈》 60a2).

그렇다면 어째서 저는 이런 일들을 하나도 하지 않으려 할까요? 오, 아테나이 사람들이여! 제가 오만해서 그런 것도 아니고, 여러분을 무시해서 그런 것도 아닙니다. 제가 용감하게 죽음을 맞이하고 있고 아니고는 또 다른 문제입니다. 여하튼 그런 일을 하는 것이 저의 평판에도 여러분의 평판에도 폴리스 전체의 평판에도 좋지 않다고 생각했기 때문입니다. 저는 이렇게 나이도 많고 명성[81]도 있으니까요. 이 명성이 진실일 수도 있고 거짓일 수도 있겠지만, 어쨌든 소크라테스가 어떤 점에서는 많은 이들을 능가한다고 여기고 있으니까요. 만약 여러분 중 지혜나 용기나 다른 어떤 탁월함에서 특출하다고 여기는 사람이 그런 식으로 행동한다면, 이는 수치스러운 일일 것입니다.

저는 대단한 인물이라고 칭송받는 사람이지만, 죽으면 어떤 무시무시한 일을 겪게 될 것으로 생각해서, 재판받을 때 놀라운 행동을 벌이는 이들을 종종 보았습니다. 마치 여러분 손에 죽지 않으면 불사의 존재가 되기라도 하는 것처럼 말입니다. 제가 보기에 이들은 폴리스에 수치를 가져다주는 듯합니다. 그래서 이방인 중에서 어떤 이는 탁월함에서 특출한 아테나이 사람들—즉, 군 통솔 또는 다른 명예로운 직책으로 선출되는—이 아녀자들이

e

35a

b

---

81 '가장 지혜롭다'는 명성.

나 다를 바 없다고 생각하게 될 것입니다.

　제가 이런 말씀을 드리는 까닭은 오, 아테나이 사람들이여! 여러분—어떤 부분에서든 대단한 사람이라고 여겨지는—스스로도 그렇게 행동하면 안 될뿐더러, 만약 우리가 그렇게 행동한다면 여러분은 이를 용납하지 말아야 하기 때문입니다. 오히려 여러분은 침묵을 굳게 지키는 자보다는 재판정에서 이처럼 불쌍한 장면[82]을 연출해서 폴리스를 웃음거리로 만드는 자에게 더욱 단호히 유죄판결을 내린다는 것을 보여주셔야 합니다.

c
　하지만 오, 사람들이여! 평판은 논외로 하더라도, 저는 여러분을 가르치거나 설득하는 대신 배심원에게 애원하거나 간청해서 방면되는 것이 올바르지 않다고 생각합니다. 배심원은 재판에서 어떤 사람의 부탁을 들어주기 위해서가 아니라 옳고 그름을 판정하기 위해 배심원석에 앉아 있는 것입니다. 자기 마음에 드는 사람에게 호의를 베푸는 대신 법에 따라 판결하겠다고 선서했으니까요.

　따라서 우리는 여러분이 맹세를 어기는 데 익숙해지면 안 되며, 여러분 스스로도 맹세를 어기는 일에 익숙해져서는 안 됩니

82　아이들과 가족들, 지인들을 법정으로 불러서 울며불며 애원함으로써 형량을 낮추는 일.

다. 그럴 경우에는 우리 모두 불경한 일을 저지르게 될 테니까요. 그러니까 오, 아테나이 사람들이여! 제가 여러분에게 훌륭하지 않다고 생각되는 일, 그리고 올바르지 않고 경건하지 않다고 생각되는 일을 행하도록 요구하지는 말아주세요. 특히나 오, 아테나이 사람들이여! 제가 여기 계신 멜레토스에게 불경죄로 고발되었으니 말입니다. 만약 제가 설득하고 간청해서 여러분이 선서를 어기도록 강제한다면, 명백히 저는 신들이 존재하지 않는다고 여러분이 믿도록 가르치는 셈일 테니까요. 또한 진실로 저의 변론은 저 자신에게 신들을 믿고 있지 않다는 선고를 내리게 될 것입니다. 하지만 이것은 결코 사실이 아닙니다. 오, 아테나이 사람들이여! 저는 신들의 존재를 믿기 때문입니다. 저의 고발인들은 어느 누구도 신들을 믿지 않지만요. 그래서 저는 여러분과 신께 판정을 맡깁니다. 저 자신에게 그리고 여러분에게도 최선의 판결이 내려지도록 말입니다.

소크라테스에게 물(또는 오줌)을 붓는 크산티페
네덜란드 화가 블로멘달Reyer van Blommendael이 그린 높이 2.1미터,
너비 1.98미터 크기의 유화(1675년). 제자 알키비아데스가 지켜보고
있는 가운데, 소크라테스의 아내 크산티페가 두 번째 아내 뮈르토
와 함께 소크라테스에게 물동이(또는 오줌통)를 비우고 있다.
(프랑스 스트라스부르미술관 소장)

두 번째 변론(35e~38b)[83]

오, 아테나이 사람들이여! 여러분이 저에게 유죄판결을 내린 것   e
에 분개하지 않습니다. 많은 이유가 있지만, 그중 하나는 저로서   36a
는 완전히 예상치 못한 결과가 아니었기 때문입니다. 오히려 저
는 양편의 득표수에 훨씬 더 놀랐습니다. 왜냐하면 저는 이렇게
근소한 차이가 아니라 훨씬 큰 차이로 판결이 확정될 것으로 생
각했으니까요. 아마도 30표만 반대쪽으로 갔다면 저는 무죄로 풀
려났을 것입니다.[84] 적어도 저는 지금 멜레토스의 고발에 관해서
는 죄를 벗었다고 생각합니다. 또한 다음의 사실도 모두에게 분
명히 밝혀진 듯합니다. 만약 아뉘토스와 뤼콘이 저의 고발인으로
재판정에 서지 않았다면, 멜레토스는 총투표수의 5분의 1도 얻지   b
못해서 벌금 1000드라크마를 물어야 했을 것이기 때문입니다.[85]

---

83 아테나이 사법제도에 따르면, 1심 재판에서는 배심원들이 피고의 유죄 여부를
    판결하고, 유죄가 선고되면 2심 재판에서 피고가 형량을 제안한 후 배심원들이
    최종 판결을 내리게 되어 있다. 고소인들과 소크라테스의 1차 변론 후 배심원들
    은 근소한 차이로 원고 측의 손을 들어주었고, 소크라테스는 유죄판결을 받았
    다. 이제 소크라테스는 2차 변론에서 자신의 형량을 배심원들에게 제안한다.
84 기원전 5세기경 아테나이 법정은 500인의 배심원으로 구성되었다. 만약 배심원
    들이 280대 220으로 소크라테스에게 유죄판결을 선고했다면, 30표가 반대쪽으
    로 갈 경우, 양쪽 투표가 250으로 동표가 되어 무죄판결이 선고된다.
85 아테나이 법정은 재판의 난립을 막기 위해 원고가 최소한 배심원 투표 중 5분의

이 사람[86]은 저에게 사형선고를 내리도록 제안하고 있습니다. 그러면 오, 아테나이 사람들이여! 저는 여러분에게 어떤 형량을 제안할까요? 마땅히 제가 받아야 할 형량을 제안해야겠지요? 그러면 그게 뭔가요? 제가 무슨 일을 겪거나 무슨 대가를 치러야 마땅한가요? 저는 평생 조용히 지내지 않았고, 많은 이들이 중시하는 것들―즉, 돈벌이와 살림살이, 군대 통솔, 대중 연설과 기타 공직, 폴리스에서 생겨나는 정치결사나 당파―을 무시했습니다. 사실 저는 위와 같은 일에 몸담으면서 목숨을 부지하기에는 너무 바른 사람이라고 생각했습니다. 그래서 그런 길을 택하지 않았습니다. 그렇게 하다가는 여러분도 여러분이지만 저 자신에게도 아무런 유익을 주지 못했을 테니까요.

그 대신 사람들을 개인적으로 찾아가서 제가 생각하는 가장 큰 유익을 베풀고자 했습니다. 바로 그것이 제가 택한 길이었습니다. 여러분이 자신의 어떤 소유물보다도 스스로를 돌보게 해서, 최대한 탁월하고 가장 현명해질 수 있게끔 설득하면서 말입

c

1을 얻지 못하면 벌금을 내도록 했다. 지금 소크라테스는 멜레토스와 아뉘토스 그리고 뤼콘이 각각 배심원 투표의 3분의 1씩 얻었다고 간주하고 있다. 따라서 멜레토스 혼자 얻은 투표수는 기껏해야 94표인데, 이는 배심원 500인의 5분의 1에 미치지 못한다.

86   멜레토스.

니다. 또한 여러분이 폴리스의 소유물보다 폴리스 자체에 더 큰 관심을 기울이고, 다른 것들도 이와 같은 방식으로 돌보도록 설득했습니다. 그렇다면 이런 사람[87]인 제가 어떤 처분을 받아야 마땅한가요? 오, 아테나이 사람들이여! 어떤 좋은 것을 받아야겠지요. 진실로 저에게 합당한 형량을 제안해야 한다면 말입니다. 그리고 그것은 저에게 꼭 어울릴 만한 것이어야 하겠지요. 그렇다면 여러분에게 권고하는 일을 하려면 어느 정도의 여유가 필요한 가난한 독지가에게 걸맞은 게 뭘까요?

오, 아테나이 사람들이여! 아마 프뤼타네이온prytaneion에서 식사를 대접하는 건 어떨지요? 이보다 더 적합한 것은 없어 보입니다.[88] 올륌피아Olympia 제전에서 두 마리 말 또는 네 마리 말이 끄는 전차 경주에 우승한 사람보다 저에게 공짜 식사를 제공하는 일이 훨씬 더 적절합니다. 왜냐하면 전차 경주 우승자는 여러분이 스스로 행복한 자라고 생각하게 만들지만, 저는 여러분을 실제로 행복한 자로 만들어주니까요. 더구나 전차 경주 우승자는

d

e

---

[87] 아테나이 사람들에게 유익을 끼친 사람.

[88] 프뤼타네이온(시 중앙 청사)은 원형 청사tholos라고도 일컬어지는 건물이었는데, 예전에 왕들이 이곳으로 손님들을 식사 초대하는 풍습이 있었다. 훗날 이런 특권은 올륌피아 경기의 우승자들이나 저명한 장군들, 특정 가문의 대표자들에게 제공되었다.

37a 부양이 필요하지 않지만 저는 필요하니까요. 따라서 저의 공과에 합당하게 형량을 제안해야 한다면, 저는 프뤼타네이온에서 공짜 식사 대접받기를 제안하겠습니다.[89]

아마도 여러분은 제가 이런 말씀을 드릴 때, 마치 동정과 애원에 관해 말씀드렸던 바와 마찬가지로 허풍을 떨고 있다고 생각하실 것 같습니다. 하지만 그렇지 않습니다. 오, 아테나이 사람들이여! 오히려 요점은 이렇습니다. 저는 어떤 사람에게도 의도적으로 불의를 행한 바 없다고 믿습니다. 하지만 우리가 잠깐 서로 대화를 나누었을 뿐이라 제가 여러분을 더 이상 설득할 수 없네요. 만약 다른 나라들[90]처럼 사형선고를 내릴 때 단 하루가 아니라 여

b 러 날 심의해서 판결하는 법률제도를 갖고 있다면, 여러분은 제 말에 설득되실 것입니다. 그런데 지금은 저에 대한 중대한 비방을 이렇게 짧은 시간 안에 변론하려니 쉽지 않네요.

저는 그 누구에게 불의를 행하지 않았다고 확신하고 있으므로, 저 자신에게도 불의를 행하지 않겠습니다. 또한 제 자신이 나쁜 일을 당할 만하다고 스스로를 비난하지도 않을 것이고, 저에게 그러한 처벌을 제안하지도 않을 것입니다. 뭐가 두려워서 제

89 소크라테스는 자신에게 벌이 아니라 상을 줄 것을 배심원들에게 요구한다.
90 가령 스파르타.

가 그렇게 하겠습니까? 멜레토스가 저에게 요구하는 처벌[91]을 당할까 두려워서요? 저는 죽음이 좋은지 나쁜지 알지 못한다고 말씀드리지 않습니까? 그러면 그 대신 익히 나쁘다고 알려진 것들 가운데 하나를 골라서 그걸 형량으로 제안할까요? 투옥은 어떨까요? 하지만 어째서 제가 옥살이하면서 해마다 임명되는 11인의 책임자[92]에게 종노릇해야 하나요? 아니면 벌금은 어떤가요? 납부할 때까지 구금되는 조건으로요. 저로서는 이 또한 조금 전에 말씀드린 형벌[93]과 같습니다. 저에게는 벌금을 납부할 돈이 없으니까요. 그러면 추방형을 제안할까요? 아마도 여러분은 이 형벌을 저에게 제안하실 것입니다.

하지만 오, 아테나이 사람들이여! 이것은 제가 생존에 집착한 소치[94]일 것입니다. 제가 이토록 헤아림이 부족해서 저의 동료 시민인 여러분이 저의 대화와 논증을 견딜 수 없다면 말입니다. 또 제가 드리는 말씀이 여러분에게 짐스럽고 밉살맞은 일이라 이제 더 이상의 대화를 원치 않는다는 것을 헤아리지 못한다면 말입니다. 그렇다면 다른 나라 사람들은 저의 대화와 논증을 쉽사리 견

---

91   즉, 사형.
92   감옥을 운영·관리하는 책임자들.
93   옥살이.
94   따라서 '비겁하다'는 의미다.

〈배심원들 앞에서 소크라테스의 변론〉의 일부분
'소크라테스의 죽음' 석고 부조 연작의 일부이다.

려낼 수 있겠습니까? 결코 그렇지 않습니다. 오, 아테나이 사람들이여! 제가 이 나이에 추방당해서 이 폴리스에서 저 폴리스로 옮겨 다니면서 추방자로 전전하며 살아가야 한다면, 이런 삶이 참 좋은 삶이겠네요! 제가 어딜 가든 젊은이들이 와서 제 말에 귀를 기울일 것입니다. 저는 이 사실을 잘 알고 있습니다. 이곳에서 그런 것처럼요. 그리고 제가 그들을 몰아낸다면, 그들이 직접 연장자들을 설득해서 저를 몰아낼 것입니다. 또한 제가 젊은이들을 몰아내지 않더라도, 그들의 아버지와 친척들이 젊은이들을 위해 나서서 저를 몰아내겠지요.

아마도 혹자는 이렇게 말할 것입니다.

"오, 소크라테스여! 우리를 떠나서 조용히 침묵하면서 살 수는 없겠습니까?"

바로 이것이 여러분 가운데 어떤 이들을 설득하기 가장 힘든 부분입니다. 왜냐하면 제가 "이런 일은 신께 불순종하는 것이며, 그리하여 저는 침묵할 수 없습니다"라고 말한다면, 여러분은 제가 반어적으로 말한다고 생각해 제 말을 믿지 않으실 테니까요. 한편 "탁월함 그리고 그 밖의 것들—여러분은 이에 관해 제가 대화하면서 저 자신과 다른 이들을 검토하는 것을 듣고 계십니다.—을 매일 논의하는 것은 인간이 누릴 수 있는 가장 좋은 일입니다. 그리고 검토되지 않는 삶은 사람에게는 살 가치가 없는

e

38a

삶입니다"라고 제가 말씀드린다면, 여러분은 이렇게 말씀드리는 저를 훨씬 더 미덥지 않게 여기실 것입니다. 하지만 오, 사람들이여! 실상은 제가 말씀드리는 대로입니다. 물론 여러분을 설득하는 게 쉬운 일은 아니지만요.

더욱이 저는 제가 나쁜 일을 당해야 마땅하다고 생각하기는 쉽지 않습니다. 만약 저에게 돈이 있었다면 감당할 수 있는 만큼 벌금을 내겠다고 제안했겠지요. 이런 일은 전혀 해롭지 않을 테니까요. 하지만 지금 저는 돈이 없습니다. 제가 여러분에게 낼 수 있는 만큼 벌금을 부과해주시는 게 아니라면 말입니다. 아마도 저는 은화 1므나[95] 정도를 여러분에게 지불할 능력이 있으니까, 이만큼의 벌금을 제안하겠습니다.[96] 그런데 오, 아테나이 사람들이여! 여기 계신 플라톤과 크리톤, 크리토불로스 그리고 아폴로도로스는 제게 30므나를 제안하라고 말씀하시네요. 그들이 직접 보증인이 되겠다는 것입니다. 그러면 그만큼의 벌금을 내겠다고 제안하겠습니다. 이분들은 여러분에게 든든한 보증인이 되어줄 것입니다.

---

95 1므나는 100드라크마이다. 당시 아크로폴리스 공사에 참여한 숙련공의 하루 일당이 1드라크마 정도였으며, 전쟁 포로를 석방하는 데 소요되는 몸값이 1므나 정도였다.

96 디오게네스 라에르티오스의 《유명한 철학자들의 생애와 사상》 2.41에 따르면, 소크라테스는 25드라크마를 지불하겠다고 제안했다.

플라톤의 대화편 | 소크라테스의 변론

최후진술(38c~42a)[97]

얼마 되지도 않는 시간을 벌려고[98] 오, 아테나이 사람들이여! 여c
러분은 우리 폴리스를 비난하기를 바라는 자들에게 오명과 비난
거리를 얻게 될 것입니다. 여러분이 지혜로운 자 소크라테스를
죽였다는 비난 말입니다. 여러분을 매도하기를 바라는 자들은 설
령 제가 지혜롭지 않더라도 저를 지혜로운 자라고 주장할 테니
까요. 여하튼 여러분이 잠시만 기다리셨다면 원하는 바가 저절로
이루어졌을 것입니다.[99] 여러분도 보시다시피, 제 나이가 이미 인
생의 먼 길을 지나와서 이제 죽음에 가까우니까요. 여러분 모두에d
게 드리는 말씀이 아니라, 저에게 사형선고를 내린 분들에게 드리
는 것입니다. 바로 이분들에게 저는 다음을 말씀드리겠습니다.

오, 사람들이여! 아마도 여러분은 제가 여러분을 설득해서 심
판을 모면할 논증―무엇이든 행하거나 말해야 한다고 제가 생각
했다면 말입니다.―이 부족했기 때문에 유죄판결을 받았다고 생

---

97 디오게네스 라에르티오스의 《유명한 철학자들의 생애와 사상》 2.42에 따르면,
1심 재판에서 유죄판결을 내릴 때보다 80명 많은 배심원들이 소크라테스의 사
형선고에 투표했다(아마도 360대 140의 투표수로 추정).
98 소크라테스는 배심원들이 이제 여생이 얼마 남지 않은 자신에게 사형선고를 내
렸음을 지적하고 있다.
99 소크라테스가 노령으로 자연사하게 되었을 것이라는 의미다.

각하실 것입니다. 하지만 결코 그렇지 않습니다. 저의 부족함으로 유죄판결을 받기는 했으나 이는 논증이 부족했기 때문은 아닙니다. 그것은 아마도 뻔뻔함과 후안무치함 그리고 여러분이 듣기 즐거운 것들을 말하려는 열의가 부족했기 때문이었을 것입니다. 목놓아 통곡하고 울부짖으며, 저답지 않은 많은 것을 행하고 말하면서 말입니다. 여러분은 이런 것들을 듣는 데 익숙해져 있겠지만요. 하지만 앞에서도[100] 말씀드렸듯이, 저는 위험에 맞닥뜨렸다고 해서 자유인에게 합당치 않은 일을 행해서는 안 된다고 생각합니다.

마찬가지로 지금도 저는 제 변론을 후회하지 않습니다. 오히려 저는 다른 사람들처럼 변론해서 살기보다 차라리 지금처럼 변론하고 죽기를 택하겠습니다. 왜냐하면 저도 그러하지만 그 누구도 법정이나 전쟁터에서 무슨 짓이든 해서라도 죽음을 모면하려고 꾀해서는 안 되니까요. 전쟁터에서는 종종 무기를 버리고 적들에게 탄원해서 죽음을 모면하는 경우가 분명히 있습니다. 또 위기 상황들마다 죽음을 모면할 다른 많은 방도가 존재합니다. 만약에 무엇이든 하려고 한다면 말입니다. 하지만 오, 사람들이여! 죽음을 모면하는 것보다 악을 피하는 게 훨씬 어렵습니다. 악

e

39a

b

---

100 자신을 변론할 때.

은 죽음보다 빨리 달리니까요. 지금 저는 느리고 연로하기에, 느린 주자[101]에게 따라잡혔습니다. 반면에 저를 고발한 자들은 유능하고 기민하지만 발 빠른 주자, 즉 악에게 붙잡혔습니다. 이제 저는 여러분에게 사형선고를 받고 떠납니다. 반면 이 사람들은 진리의 이름으로 사악함과 불의라는 선고를 받았습니다. 저는 저의 처벌을 감수할 것이고, 이들 또한 자신의 처벌을 감수해야 합니다. 어쩌면 사태는 이렇게 되어야 했습니다. 저는 이 결과가 적절하다고 생각합니다.

다음으로 저는 여러분에게 예언하고 싶습니다. 오, 저에게 유죄 표를 던진 사람들이여! 지금 저는 사람들이 예언의 시점, 즉 죽기 직전의 순간[102]에 이미 이르렀으니까요. 저는 말씀드립니다. 오, 저를 죽인 자들이여! 신께 맹세컨대, 여러분은 제가 죽자마자 저에게 내린 사형선고보다 훨씬 더 견디기 힘든 형벌을 받게 될 것입니다. 왜냐하면 지금 여러분은 자신의 삶에 대한 논박을 견디내는 일[103]이 더 이상 없을 것이라고 생각해서 저에게 이런 일을 저질렀지만, 저는 이와 반대되는 결과가 여러분에게 일어날

c

---

101 즉, 죽음.

102 파트로클로스는 죽기 직전에 헥토르에게 예언했고(《일리아스》 16.851~61), 헥토르 또한 죽기 직전에 아킬레우스에게 예언했다(《일리아스》 22.358~60).

103 또는 삶을 면밀하게 검토하는 일.

수그라트Sughrat

셀주크제국의 어느 화가가 그린 작품(13세기경). '수그라트'는 '소크라
테스'를 칭한다.

(튀르키예 톱카피궁전도서관 소장)

것으로 여기니까요. 여러분을 논박하는 자들은 더 많아질 것입니
다. 지금까지는 제가 이들을 억제하고 있었는데 여러분은 눈치채
지 못하고 계셨지요. 또한 그들은 젊은이들인 만큼 더 다루기 힘
들 것입니다. 그래서 여러분은 더 분개하시겠지요. 사람들을 죽
여 여러분이 바르게 살고 있지 않음을 누군가가 비난하지 못하도
록 막을 수 있으리라 생각하신다면, 이는 잘한 생각이 아니니까
요. 이런 임시방편적 모면은 강력하지도 않고 훌륭하지도 않습니
다. 가장 훌륭하고 쉬운 길은 다른 사람들을 억압하는 대신 스스
로 가장 좋은 사람이 되도록 준비하는 것입니다. 그러면 저는 저
에게 유죄판결을 내린 여러분에게 위와 같이 예언하고 떠납니다.

그리고 저에게 방면을 투표한 배심원들과 본 사건의 귀결에
관해 기꺼이 논의하고 싶습니다. 책임자들이 바빠서[104] 제가 사형
당할 장소로 떠나지 않는 시간 동안 말씀입니다.[105] 그러니까 오,
사람들이여! 그동안 잠시 기다려주세요. 왜냐하면 허락된 시간
동안 서로 이야기를 나누는 일은 금지되어 있지 않으니까요. 저 40a

104 11인이 소크라테스를 감옥으로 호송하려고 준비하는 동안.
105 아테나이 사람들은 매년 델로스섬으로 배를 보내어 아테나이의 영웅 테세우스
     가 미노타우로스를 퇴치하고 아테나이 사람들을 구한 일과 아폴론 신이 준 도움
     에 대해 기념했다. 그런데 아테나이에서 배가 출발해서 돌아오기까지는 사형 집
     행이 금지되었다. 소크라테스가 재판받기 하루 전날 아테나이에서 배가 출발했
     으므로, 배가 귀환하기까지 소크라테스는 감옥에서 사형 집행을 기다려야 했다.

는 여러분을 친구로 여기고 있으므로, 지금 저에게 생긴 일이 도대체 무슨 의미가 있는지 여러분에게 보여드리고 싶습니다.

오, 배심원들―제가 여러분을 배심원들이라고 부르는 게 올바른 것이겠지요.―이여! 저에게는 무척 놀라운 일이 생겼습니다. 예전에는 저에게 으레 나타나는 신적 존재의 예언 음성이 항상 아주 끈질기게 임했고, 혹시라도 제가 올바르지 않은 일을 행하려는 참이면 아주 사소한 일이라도 반대하곤 했습니다. 그런데 여러분도 보시는 바와 같이, 지금 저에게는 사람들이 나쁜 일들 중에서도 최악이라고 여기고 일반적으로 그렇게 간주되는 일들[106]이 일어났습니다. 그런데도 신의 신호가 저에게 반대하지 않았습니다. 제가 오늘 아침 일찍 집에서 나올 때나 이곳 법정으로 올라올 때에도, 그리고 제가 변론 중에 무슨 말을 하고자 할 때에도 말입니다. 제가 다른 대화를 나눌 때는 말하는 도중에 종종 이 소리가 저를 가로막았지요. 하지만 이번 법정 송사를 치르면서 제가 어떤 일을 하거나 말을 할 때 반대하는 신의 소리가 들리지 않았습니다.

그러면 그 이유가 뭐라고 제가 생각하겠습니까? 여러분에게 이렇게 말씀드리겠습니다. 저에게 일어난 일은 아마도 좋은 일이며, 우리 가운데 죽음을 나쁜 것으로 여겼던 사람들의 생각은

---

106   유죄판결과 사형선고.

옳지 않은 것이라고요. 저는 이를 뒷받침하는 다음의 강력한 증거를 얻었습니다. 만약 제가 좋은 일을 행하려 한 게 아니라면,[107] 저에게 항상 들리던 신의 소리가 저의 언행에 반대하지 않았을 리 없으니까요.

생각해봅시다. 죽는 게 좋은 것일 가망이 얼마나 큰지 말입니다. 죽는다는 건 두 가지 중 하나일 것입니다. 죽음이란 마치 아무것도 아닌 것과 같아서 망자가 그 어떤 감각도 가지지 않든지, 아니면 죽음이란 이른바 모종의 변화, 즉 영혼이 이승에서 다른 곳으로 옮겨 가는 것입니다. 그런데 죽은 자에게 아무런 감각도 없어서 죽음이 아무 꿈도 꾸지 않는 깊은 잠과 같은 것이라면, 죽음이란 놀라운 이득일 것입니다. 제가 생각하기에, 어떤 사람이 아무 꿈도 꾸지 않을 정도로 숙면을 취한 밤을 골라내어 이 밤과 자기 인생의 다른 밤과 낮들을 비교해본다고 합시다. 그의 일생 중 얼마나 많은 낮과 밤들을 이날 밤보다 더 훌륭하고 즐겁게 보냈을까요? 곰곰이 생각해본다면 평범한 사람은 물론 제아무리 페르시아 왕이라도 이처럼 즐겁고 행복했던 밤이 다른 숱한 낮과 밤 중에서도 손꼽힐 정도로 얼마 안 될 것입니다.

만약 죽음이 이와 같은 것이라면, 저는 죽음을 이득이라고 말

---

107 또는 제가 뭔가 좋은 결과를 얻게 된 게 아니라면.

하겠습니다. 왜냐하면 그 경우에 모든 시간이 단 하룻밤보다 더 길지 않아 보일 테니까요. 반면에 죽음이 다른 곳으로 장소를 이동하는 것과 같다면, 그리고 사람들이 말하듯 모든 망자가 거기 있다는 말이 진실이라면 오, 배심원들이여! 이보다 더 좋은 게 어디 있겠습니까? 만약 누군가가 하데스에 도달해서, 이곳에서 배심원이라고 자처하는 자들을 떠나 거기서 심판한다고 일컬어지는 진정한 배심원들—즉, 미노스Minōs와 라다만튀스Rhadamanthys, 아이아코스Aiakos와 트립톨레모스Triptolemos, 그리고 삶에서 정의로웠던 다른 반신들—을 만나게 된다면, 그곳으로 장소를 옮겨 사는 것이 형편없는 일이겠습니까? 더구나 여러분 가운데 누군가는 오르페우스Orpheus와 무사이오스Mousaios, 그리고 헤시오도스Hesiodos 또는 호메로스와 교제하고자 큰 비용이라도 감내하지 않겠습니까? 만약 이런 이야기가 진실이라면, 저는 몇 번이라도 다시

죽는 일을 택하겠습니다. 적어도 저한테는 그곳에서 삶을 영위하는 일이 놀랄 만한 것일 테니까요. 팔라메데스Palamēdēs[108]와 텔라

---

[108] 헬레나가 트로이아에 납치되었을 때 아카이아 용사들이 헬레나를 구출하고자 트로이아 원정을 떠나지만, 오뒷세우스는 출정하기 싫어서 미친 체한다. 이를 알아챈 팔라메데스의 지략으로 인해 결국 오뒷세우스는 트로이아 원정에 동참하지만, 종전 후 팔라메데스를 배반자로 몰아세워서 처형한다.

몬Telamōn의 아들 아이아스Aias[109] 그리고 옛날 사람들 중에서 불의한 심판으로 죽은 다른 누군가를 만나서 제가 겪은 일과 그들이 겪은 일을 비교할 수 있다면—제 생각에 이런 일은 여간 흥미로운 게 아닐까 싶습니다.—말입니다. 더구나 가장 좋은 일은 이곳 사람들에게 그렇게 하듯 거기 있는 자들을 검토하고 조사하면서 지내는 것입니다. 그들 중 누가 지혜로운 자인지, 지혜롭다고 여겨지지만 실은 그렇지 않은 자인지를 밝혀내는 것처럼 말입니다.

오, 배심원들이여! 다른 이들을 검토하기 위해서라면 사람들은 아무리 많은 비용이라도 감내하지 않겠습니까? 트로이아에 많은 군대를 이끌고 간 총사령관[110]이나 오뒷세우스Odysseus, 시쉬포스Sisyphos[111] 혹은 남자든 여자든 언급하고 싶은 수없이 많은 이

c

---

109 텔라몬의 아들 아이아스는 아킬레우스가 사망한 후 그의 황금 갑옷을 차지하려고 오뒷세우스와 경쟁한다. 하지만 결국 황금 갑옷은 꾀 많은 오뒷세우스에게 돌아가고, 분노한 아이아스는 오뒷세우스를 죽이려다 실패한 다음 자살한다.

110 즉, 아가멤논Agamemnōn. 트로이아의 파리스에게 납치된 헬레나는 아가멤논의 동생 메넬라오스의 아내였다. 아가멤논은 동생의 아내를 구출하려고 아카이아 용사들을 이끌고 트로이아로 출정한다.

111 오뒷세우스는 남들에게 훌륭한 자로 생각되고자 하지만 사실은 훌륭하지 않은 연설가의 범형으로 간주되고 있다. 이런 점에서 오뒷세우스는 신들을 기만해서 하데스를 탈출했다가 영원히 높은 산으로 돌을 굴리는 벌을 받은 코린토스 왕 시쉬포스와 연결되고 있다. 고대의 어떤 전승에 따르면, 오뒷세우스는 시쉬포스의 서자였다.

'소크라테스의 죽음'에 대한 그림 연구

프랑스 화가 자크루이 다비드Jacques-Louis David(1748~1825년)가 그
린 드로잉(1786년).

(미국 메트로폴리탄미술관 소장)

들을요. 그곳[112]에서 이 사람들과 대화하고 함께 지내며 이들을 검토한다면 이루 말할 수 없는 행복이 아니겠습니까? 여하튼 거기 거하는 자들은 적어도 이런 이유로[113] 누군가를 사형에 처하지는 않습니다. 그곳에 거하는 자들은 여기 거하는 자들보다 다른 부분에서도 더 행복하지만, 사람들에게 전해지는 말이 진실이라면 그들은 남은 시간 동안 불사할 것이기 때문입니다.

오, 배심원들이여! 여러분도 죽음에 대해 희망적인 태도를 취하셔야 합니다. 그리고 한 가지 진실을 유념하셔야 합니다. 즉, 살아 있든 죽었든 훌륭한 사람에게는 나쁜 일이 생기지 않으며, 그의 일들을 신들께서 무시하시지 않는다는 것입니다. 지금 저에게 일어난 일들은 저절로 일어난 것이 아니며, 제가 이제 죽어서 골칫거리들로부터 해방되는 것이 저에게 분명 더 좋은 일인 듯합니다. 이 때문에 신적 계시가 저를 만류하지 않았던 것입니다. 그리고 저는 저에게 유죄 투표를 한 자들과 고발인들에게 전혀 화내지 않을 것입니다. 물론 그들은 이런 생각으로 저를 고발하고 유죄 투표를 한 게 아니라, 오히려 저를 해하려는 의도로 고발하고 유죄 선고를 내렸지만 말입니다. 바로 그래서 그들이 비난받아

d

e

---

112   하데스.
113   즉 다른 이들과 대화하고 남들을 검토하며 논박한다는 이유로.

마땅한 이유입니다.

그렇지만 저는 그들에게 다음을 요구합니다. 오, 사람들이여! 저의 아들들이 장성했을 때 만약 여러분이 생각하시기에 제 자식들이 돈이나 다른 어떤 것을 탁월함보다 더 우선시한다면, 그리고 아무것도 아닌 주제에 스스로 뭔가 대단한 사람이라고 생각한다면, 이들을 여러분이 벌해주시고 제가 여러분에게 끼친 고통과 동일한 고통을 제 자식들에게도 가해주세요. 즉, 제가 여러분을 꾸짖듯이 제 자식들을 여러분이 꾸짖어주세요. 그들이 마땅히 돌보아야 할 것을 돌보지 않으며, 아무것도 아니면서 스스로 대단한 사람이라고 생각하니 말입니다. 여러분이 이렇게 해주신다면, 저뿐 아니라 제 자식들도 여러분에게 정당한 대우를 받는 셈이 될 테니까요.

이제 벌써 떠날 시간입니다. 저는 죽기 위해서 그리고 여러분은 살기 위해서 말입니다. 하지만 우리 가운데 어느 편이 더 나은 운명으로 나아가게 될지 신 외에는 그 누구도 분명히 알지 못합니다.

42a

플라톤의 대화편 | 소크라테스의 변론

플라톤의 대화편

크리톤

—

ΠΛΑΤΩΝ

Κρίτων

'소크라테스의 죽음' 석고 부조 연작

이탈리아 조각가 카노바Antonio Canova가 '소크라테스의 죽음'을 묘사한 석고 부조 작품들(1790~1792년). 그는 장식적인 요소를 배제하고 오로지 에피소드를 간결하게 표현하는 데 집중함으로써 고전 정신을 드러내고자 했다. 맨 위부터 아래로 〈배심원들 앞에서 소크라테스의 변론〉, 〈가족과 헤어지는 소크라테스〉, 〈독배를 마시는 소크라테스〉, 〈소크라테스의 눈을 감기는 크리톤〉 순이다.

(이탈리아 안토니오카노바박물관 소장, 출처: Museum Gipsoteca Antonio Canova)

프롤로그(43a1~44b5)

소크라테스가 재판을 받고 감옥에서 사형 집행을 기다릴 무렵 아테나이에서 델로스섬으로 성스러운 배가 출항했다. 이 배가 귀환할 때까지는 모든 사형 집행이 연기된다. 그리하여 소크라테스는 사형 판결 후 한 달가량 감옥에 수감 중이다. 배는 이제 수니온에 도착했고, 곧 페이라이에우스 항구에 도착할 예정이다. 친구 크리톤은 소크라테스를 설득해서 탈옥시키려고 아침 일찍 감옥에 왔다. 해 뜨기 직전 크리톤은 소크라테스의 침상 앞에 앉아 있다. 소크라테스가 잠에서 깨어나 어째서 자신을 깨우지 않고 내버려 두었는지 묻는다. 크리톤은 죽음을 눈앞에 둔 소크라테스의 평안함과 쾌활함에 놀란다.[114]

소크라테스 웬일로 이 시간에 왔는가? 오, 크리톤이여! 아직 이른 시간 아닌가?

43a

크리톤[115] 물론 이른 시간이네.

---

114 이 단락은 원전에는 없는 내용으로 역자가 덧붙였다.
115 크리톤은 소크라테스와 동향이며 동년배인 죽마고우다. 또한 크리톤은 소크라테스가 재판을 받을 때 제안한 벌금 30므나에 대해 보증인이 되겠다던 사람 중 하나이고(《소크라테스의 변론》 38b6), 부유한 사람이었다(《에우튀데모스》 304c3).

소크라테스 몇 시쯤이나 되었나?

크리톤 해 뜨기 바로 직전이라네.[116]

소크라테스 어떻게 교도관[117]이 자네 노크 소리에 응답을 했는지 놀랍네.

크리톤 그 사람은 이미 나와 친하다네. 내가 여기에 자주 왔다 갔다 했으니까. 더욱이 내가 그 사람에게 잘해주기도 했고.

소크라테스 지금 온 건가? 아니면 온 지 한참 되었나?

크리톤 꽤 오래전에 왔다네.

b **소크라테스** 그러면 어째서 곧바로 나를 깨우지 않고 내 곁에 조용히 앉아 있었나?

크리톤 제우스께 맹세컨대 오, 소크라테스여! 나도 자네가 밤잠을 설치고 슬퍼하길 바란 건 아니라네. 하지만 자네가 어찌나 달

116 《파이돈》 59d1 이하에 따르면, 소크라테스의 친구들은 매일 아침 일찍 법정(감옥 근처)에 모여 대화하면서 시간을 보내다가 소크라테스를 면회했으며, 그 시간은 꼭두새벽이 아니었다. 그런데 오늘 크리톤은 평상시보다 일찍 소크라테스를 찾아왔다. 델로스에서 귀환하는 성스러운 배가 수니온 곶을 지났다는 소식을 들었기 때문이다. 아마도 다음 날 아침이면 배가 페이라이에우스 항구에 도착할 것이고, 곧바로 소크라테스의 사형이 집행될 예정이다. 이 소식을 들은 크리톤은 날이 새기도 전에 소크라테스를 찾아와서 탈옥을 권유한다.

117 감옥 운영을 총괄하는 것은 11인의 관리 책임자들이었고, 교도관은 그 밑에서 일하는 하급 관리자였다. 하지만 교도관은 단순히 면회를 온 사람들에게 문만 열어주는 문지기가 아니라, 정해진 시간 외에도 면회를 허락할 수 있는 권한을 가진 관리자였다.

콤하게 자는지, 그 모습을 보고서 한참 동안 자네에게 경탄하고 있었다네. 그래서 일부러 자네를 깨우지 않았네. 자네가 최대한 즐겁게 시간을 보내도록 말이야. 전에도 종종 나는 자네가 한평생 기질적으로 행복한 사람이라고 생각해왔네. 하지만 지금 같은 불행한 상황 속에서 그 어느 때보다 더 그렇다고 생각한다네. 자네가 이 불행을 너무도 수월하고 온화하게 견뎌내고 있으니 말이네.

소크라테스 오, 크리톤이여! 곧 생을 마감해야 한다고 해서 내 나이에[118] 분개하는 건 좋지 않다네.

크리톤 하지만 오, 소크라테스여! 자네 나이의 다른 사람들도 이토록 큰 불행이 닥치면, 현재의 불운에 분개하지 않는다는 보장은 없다네.

소크라테스 그렇긴 하지. 그런데 도대체 무슨 일로 이렇게 아침 일찍 왔나?

크리톤 오, 소크라테스여! 슬픈 소식을 가지고 왔다네. 내가 생각하기에, 자네는 어떨지 모르겠지만, 나를 비롯한 자네 친구들 모두에게는 슬프고 견디기 힘든 소식이라네. 가장 견디기 힘든 건 나일 듯싶네.

---

118 소크라테스가 재판받고 사형당할 당시의 나이는 70세였다.

소크라테스 그게 무슨 소식인가? 델로스에서 출발한 배가 도착한

d   건가? 그 배가 도착하면 나는 죽게 되어 있네만.

크리톤 아직 도착한 건 아니네. 하지만 수니온Sounion에서 하선해

아테나이에 온 사람들이 전하는 소식에 따르면, 내 생각에는

오늘 도착할 듯싶네. 그들의 전언에 따르면 오늘 배가 도착하

는 게 분명하다고 하니. 오, 소크라테스여! 내일이면 자네가

생을 마감해야 한다네.

소크라테스 오, 크리톤이여! 행운이 함께하길! 신들께서 기뻐하시

는 일이라면 그렇게 되어야겠지. 그렇지만 나는 그 배가 오늘

도착할 것 같지는 않다네.

44a   **크리톤** 무슨 근거로 그렇게 예측하나?

소크라테스 자네에게 말해주겠네. 배가 귀환한 다음 날 내가 죽어

야 하는 거네, 아닌가?

크리톤 적어도 책임자들[119]은 그렇게 말하네만.

소크라테스 나는 배가 오늘 도착하지 않고 내일 도착할 것으로 생

각하네. 간밤에 자면서 꾼 꿈으로 그렇게 예측하는 거네. 그

러니까 자네가 나를 깨우지 않은 건 잘한 것 같네.

크리톤 도대체 무슨 꿈을 꾼 건가?

---

119 이른바 11인.

소크라테스 아름답고 수려한 어떤 여인이 나에게 다가왔다네. 흰옷
을 입은 그 여인은 나를 부르며 이렇게 말했네. "오, 소크라테
스여! 당신은 세 번째 날에 비옥한 프티아Phthia에 도착할 것
입니다.[120]"

크리톤 참으로 이상한 꿈이네. 오, 소크라테스여!

소크라테스 그렇지만 적어도 내가 생각하기에는 그 의미가 분명한
꿈이라네. 오, 크리톤이여!

크리톤의 탈옥 권유 논변(44b6~46a9)

크리톤은 소크라테스에게 탈옥을 권유한다. 특히 크리톤은 많은
이들의 평판을 강조한다. 하지만 소크라테스는 많은 이들의 평
판은 중요치 않다고 주장한다. 전문가가 올바른 앎을 가지는 것
이지, 많은 이들이 올바른 앎을 가지는 것은 아니기 때문이다. 크

---

120 《일리아스》 9.363. 아킬레우스는 아가멤논이 보낸 선물을 거절하면서 자신이 사
     흘이면 자기 고향인 테살리아의 도시 프티아에 돌아갈 수 있다고 말했다. 이를
     인용해 소크라테스는 자신이 마치 천상의 고향에서 이승으로 귀양살이 온 것이
     며, 이제 사흘 후면 죽어서 다시 천상으로 돌아갈 것이라고 해석한다. 흰옷을 입
     은 여인은 아마도 운명의 여신을 상징하는 것 같다(《파이돈》 115a 참고).

리톤이 다시 많은 이들의 힘을 강조하자, 소크라테스는 많은 이들의 행위가 사람에게 좋거나 나쁜 영향을 줄 수 없다고 반박한다.[121]

크리톤 물론 너무나도 분명해 보이기는 하네. 하지만 이것 보게나. 오! 신과도 같은 자[122] 소크라테스여! 지금이라도 내 말을 듣고 자네 목숨을 구하게. 만약 자네가 죽는다면 그건 나에게 하나의 불행으로 그치지 않을 테니 말이네. 그러니까 (자네의 죽음은) 두 번 다시 만날 수 없는 친구를 잃게 되는 일이네. 그뿐 아니라, 자네나 나를 잘 알지 못하는 많은 사람들은 내가 돈을 쓸 용의만 있었더라도 자네를 구할 수 있었을 텐데 이를 간과했다고 생각할 것이네. 친구보다 돈을 더 소중히 여긴다는 평판보다 더 수치스러운 게 어디 있겠나? 많은 이들이 우리가 자네를 탈출시키고자 애썼지만, 자네 자신이 여기서 나가려고 하지 않았다는 사실을 믿지 않을 테니까 말이네.

소크라테스 그렇지만 오, 행복한 자 크리톤이여! 어째서 우리가 많

---

[121] 이 단락은 원전에는 없는 내용으로 역자가 덧붙였다.
[122] '신과도 같은 자여daimonie!'는 호메로스의 서사시에서 상대방을 비난하거나 힐난할 때 자주 사용되는 표현이다.

은 이들의 평판에 그토록 관심을 가져야 하나? 가장 사려 깊은 자들—우리가 이들에게 주목하는 게 훨씬 가치 있는 일이네만—은 마땅히 해야 할 일을 했을 뿐이라고 생각할 텐데 말이네.

크리톤 하지만 오, 소크라테스여! 자네는 지금 많은 이들의 평판에도 관심을 가져야 한다는 것을 목도하고 있네. 만약 누군가가 다수에게 비난을 사게 되면 많은 이들이 이 사람에게 결코 작지 않은 해악을 끼칠 것이라네. 돌이킬 수 없는 최대의 해를 줄 수도 있다는 사실을 자네의 현 상황 자체가 여실히 보여주고 있네.

소크라테스 정말이지 오, 크리톤이여! 많은 이들이 최대의 해를 줄 수 있다면 좋겠네. 그렇다면 최대의 선도 베풀 수 있을 것이고, 이는 좋은 일일 테니 말이네. 하지만 많은 이들이 사람을 분별력 있는 자로 만들 수도 없고 무분별한 자로 만들지도 못한다네. 이들은 그저 닥치는 대로 행할 뿐이라네.

크리톤 그건 그렇다고 하세. 하지만 오, 소크라테스여! 나에게 말해주게. 자네 혹시 나와 다른 친구들을 염려해서 그러는 건가? 만약 자네가 여기서 탈출하면, 우리가 자네를 여기서 몰래 빼냈다는 것을 근거로 공갈꾼들이 우리에게 문제를 일으킬 것으로 생각하나? 그래서 우리가 재산을 몰수당하거나 다른 처벌[123]까지 받을까 봐 걱정하는 건가? 자네가 그런 걸 두려워하는 거라면, 그런 걱정일랑 작별하게. 우리는 자네를 구할 수 있다면 그런 위험은 마땅히 감수할 수 있고, 필요하다면 이보다 큰 위험이라도 감수할 테니 말이네. 그러니 내 말에 따르게. 그리고 달리 행하지 말게.

소크라테스 그런 것들을 염려하고 있다네. 오, 크리톤이여! 그리고 다른 많은 것들도 걱정스럽네.

크리톤 그런 것들은 걱정하지 말라니까. 자네를 이곳에서 빼내어 구해줄 사람들이 몇 있는데, 그들이 요구하는 보수는 큰돈이 아니거든. 더욱이 공갈꾼들이 얼마나 매수하기 쉬운 사람들인지 모르나? 그들은 큰돈을 요구하지 않는다네. 자네는 내 돈을 마음대로 활용할 수도 있고, 내 생각에 그 돈이면 충분할 거라네. 혹시라도 자네가 나를 염려해서 내 돈을 쓸 수 없다고 생각한다면, 여기 계신 외국인들이 기꺼이 돈을 낼 용의가 있다네. 그중 한 분인 테바이Thēbai 출신 심미아스Simmias는 이번 일에 쓰려고 돈을 넉넉히 준비해오셨네. 케베스Kebēs와 다른 많은 분들도 돈을 기부할 준비가 되어 있다네.[124]

---

123 사형 또는 추방형.
124 테바이 사람 심미아스와 케베스는 본래 테바이에서 퓌타고라스 학파 필롤라오스Philolaos의 제자였으나《파이돈》61d7), 소크라테스의 제자가 되었다. 이들은

그러니까 내가 말한 것처럼, 그런 일들이 두려워서 자네 자신을 구하는 걸 포기하지 말게. 그리고 자네가 법정에서 말한,[125] 추방당하면 어떻게 지내야 할지 모르겠다는 말 때문에 곤란해하지도 말게. 왜냐하면 자네가 어디로 가든지 그곳 사람들이 자네를 환대할 것이기 때문이네.[126] 만약 자네가 테살리아Thessalia로 가고 싶다면 거기에 내 친구들이 있다네. 이들은 자네를 귀히 여길 것이고, 테살리아 사람들 중 어느 누구도 자네를 해치지 못하도록 하고 자네를 안전히 지내게 해줄 것이라네.

더구나 오, 소크라테스여! 내가 보기에 자네가 하려는 일, 즉 자기 목숨을 구할 수 있는데도 자포자기하려는 것은 정의롭지도 않다고 생각되네. 지금 자네는 자네 적들이 자네에게 일어나기를 열렬히 구하는 것이자, 자네를 해치려는 자들이 열렬히 구했던 것을 스스로 열렬하게 구하고 있네. 그뿐 아니라 내가 생각하기에 자네는 자네 아들들[127]도 배신하고 있는

《파이돈》에서 주요 대화 상대자로 등장한다.

125 《소크라테스의 변론》 37c4 이하.

126 실제로 소크라테스는 다른 곳에서 초청을 거절하기도 했다. 가령 아리스토텔레스의 《수사학》 1398a24에 따르면, 소크라테스는 마케도니아의 왕 아르켈라오스 Archelaos의 초청을 거절했다.

127 소크라테스의 세 아들. 《소크라테스의 변론》 41e에 따르면, 소크라테스는 최후

소크라테스의 감옥
'소크라테스의 감옥'이라 불리지만, 건물의 용도는 아직 정확히 알
려지지 않았다.

(사진 Air Shooter Gr, 2018)

듯하네. 자네가 이들을 기르고 교육할 수 있는데도 남겨두고
떠난다면 말이지. 자네 자식들은 자네의 보살핌을 기꺼이 받
아야 할 일들에서 되는대로 살아갈 거네. 아마도 이들은 부모
를 여읜 고아들이 흔히 겪는 처지에 놓일 걸세. 자식을 낳지
말든지, 낳았다면 역경을 함께 견디면서 양육하고 교육해야
하는 거라네. 그런데도 내 생각에 자네는 가장 쉬운 길을 택
하는 것처럼 보이네. 우리는 선하고 용감한 사람이 선택할 길
을 택해야 한다네. 온 생애 동안 탁월함에 관심을 가졌노라고
공언하는 사람이라면 더욱 그렇지.

나는 자네 때문에 그리고 자네 친구들인 우리 때문에 수치
스럽다네. 그리고 혹시라도 자네에게 일어난 모든 일이 우리의
비겁함 때문에 생겼다고 생각될까 걱정스럽다네. 즉, 소송을
피할 수 있었는데도 재판에 회부된 일, 그리고 법정 소송 자체
의 진행 경과, 최종적으로 본 사건의 가장 우스꽝스러운 귀결
말이네. 사람들은 우리의 어떤 나약함과 비겁함 때문에 기회
를 놓쳤다고 여길 거라네. 우리가 자네를 구하지 못했고 자네
또한 스스로를 구하지 못했으니 말이네. 우리가 조금이라도
쓸모 있었다면 그것이 가능하고 실현 가능한 일이었는데….

변론에서 자기 자식들의 교육을 배심원들에게 부탁한다.

d

e

46a

그러니 오, 소크라테스여! 이 점을 직시하게나. 이런 일들이 자네에게나 우리에게나 해가 되고 수치스러운 게 아닌지 말이네. 그리고—물론 숙고할 시간은 이미 지났고 이제는 숙고를 마쳤을 시간이지만—숙고해보게나. 단 한 번의 숙고 기회라네. 모든 일을 오늘 밤 안에 마쳐야 하니 말이네. 만약 계속 지체한다면 더 이상 (탈옥이) 가능하지 않을 거라네. 그러니 오, 소크라테스여! 모든 일에 내 말을 따르고, 결코 달리 행하지 말게나.

소크라테스의 탈옥 거부 논변(46b1~54e2)

숙고의 출발점으로서 도덕 원칙(46b1~50a5)

소크라테스는 크리톤의 탈옥 권유 논변을 반박한다.[128] 소크라테

---

128 소크라테스의 반박 논리는 다음과 같다.
 • 크리톤은 많은 사람들이 자신을 어떻게 바라볼지 노심초사한다. 반면 소크라테스는 많은 이들의 견해가 아니라 전문적 앎을 가지는 자의 견해(46c6~48a10)가 중요함을 피력한다.
 • 크리톤은 많은 이들이 사람을 죽이거나 추방할 힘을 가졌다고 주장했다. 그러나 소크라테스는 단순히 사는 것보다 잘 사는 게 중요하며 잘 사는 것이란 정

스는 누군가 우리에게 불의를 행했다고 하더라도 우리는 이를 불의로 갚으면 안 된다(보복 금지의 원칙: 48a10~50a5)고 말한다. 또한 자신의 탈옥 여부는 오래전부터 고수해온 원칙―즉, 최선이라고 생각되는 바에 따라 행동하기―에 따라서 결정되어야 한다는 전제를 단다. 그런 다음 지혜로운 사람의 견해가 어리석은 다수의 견해보다 우월하다고 주장한다.[129]

소크라테스 오, 친애하는 크리톤이여! 자네의 열의가 올바름을 동   b
반하고 있다면[130] 큰 가치가 있을 거네. 반대로 그렇지 않다
면 열의가 클수록 그만큼 감당하기 힘들겠지. 따라서 우리는
이런 일[131]을 실행해야 할지 말지 검토해야 하네. 나는 언제나
나 자신이 곰곰이 헤아려보았을 때, 최선이라고 생각하는 원
칙[132] 외에 다른 어떤 것에도 복종하지 않는 사람이니 말이네.
전에도 여러 번 피력해온 이 원칙을 이제 와서 내동댕이칠 수
는 없네. 지금과 같은 운명이 내게 닥쳐왔다고 해서 말이지.

의롭게 사는 것이라고 반박한다.

129 이 단락은 원전에는 없는 내용으로 역자가 덧붙였다.
130 소크라테스는 크리톤에 반대해서 많은 이들의 견해가 아니라 올바름orthotēs이
판단 기준이어야 함을 지적한다.
131 크리톤이 소크라테스에게 권유한 일. 즉, 탈옥.
132 또는 논증logos.

오히려 원칙은 이전과 거의 같다고 보이네. 나는 예전에 경외하고 존중했던 것을 지금도 경외하고 존중한다네. 만약 현 상황에서 더 나은 논증[133]을 산출할 수 없다면, 자네 의견에 동조할 수 없음을 잘 알아두게. 설령 많은 이들의 힘이 투옥과 사형과 재산압류로 우리를 위협하면서, 마치 도깨비[134]가 어린아이를 놀라게 하듯이 현 상황보다 훨씬 더 우리를 두렵게 하더라도 말이네.

그러면 어떻게 우리가 이 문제를 가장 합리적으로 검토할 수 있을까? 우선 많은 이들의 견해에 관해 자네가 제시한 논증
logos[135]을 다시 한 번 살펴보세. 우리는 익히 어떤 견해에는 주의를 기울이는 게 옳지만, 또 다른 견해에는 그렇게 하지 않는 게 옳다고 여러 번 말하지 않았나?[136] 훌륭한 말 아니었나? 아니면 내가 이 죽음의 상황을 맞이하기 전까지는 훌륭한 말이었지만, 이제는 단지 논증을 주장하기 위한 헛된 말이 되었고,

---

133 또는 원칙logos.
134 Mormō(또는 Mormolykē)는 버릇없는 아이들을 두렵게 하는 일종의 도깨비였다.
135 44b9 이하와 45d8 이하의 논증.
136 기원전 5세기경 프로타고라스는 모든 사람의 견해가 동일한 가치를 가진다고 주장했다. 반면 소크라테스는 이에 반대해서 올바른 견해가 있지만 그렇지 않은 견해도 있음을 주장했다. 아마도 크리톤은 소크라테스가 그런 주장을 피력하는 광경을 여러 번 목격했던 듯하다.

실로 유치한 말장난이자 헛소리가 되었음이 명백하다는 건가? 오, 크리톤이여! 나는 자네와 함께 이 문제를 검토해보고 싶네. 내가 이런 상황에 처하게 되었다고 해서 과거의 원칙[137]이 이제는 내게 달리 보이는지 여전히 동일한 것인지, 또한 과거의 원칙과 작별해야 할 것인지 여전히 이에 복종할 것인지 말이네.

내가 생각하기에, 뭔가 이치에 맞는 바를 이야기한다고 생각하는 사람들은 지금의 나처럼 말하곤 했네. 즉, 사람들이 e 갖고 있는 견해 중 어떤 것은 중요하게 여겨야 하는 반면, 다른 것은 그렇게 하면 안 된다는 것 말이네. 신들께 맹세컨대 오, 크리톤이여! 자네는 이것이 훌륭한 말이라고 생각하지 않나? 이렇게 말하는 이유는 인간적으로 말해서 자네가 내일 죽을 리 만무하기 때문이네. 그러니까 내가 현재 당면한 곤경 47a 이 자네의 판단을 오도하지는 않을 걸세. 그러면 자, 한번 생각해보게나. '사람들의 모든 견해를 존중하기보다 어떤 견해는 존중해야 하지만, 다른 견해는 존중하지 말아야 한다. 또한 모든 사람의 견해를 존중해서는 안 되고, 어떤 사람들의 견해는 존중해야 하는 반면 다른 사람들의 견해는 존중하면

---

137   또는 논증logos.

아테네 학당

이탈리아 화가 라파엘로Raffaello Sanzio가 로마 교황 율리우스 2세를 위하여 바티칸궁전 내부에 있는 스탄체Stanze 서명실署名室의 사면 벽면에 그린 벽화 중 하나로, 고대 사상가들이 학당에 모인 것을 상상해서 그린 높이 5.5미터, 너비 7.7미터의 프레스코화(1509년). 플라톤과 아리스토텔레스가 중앙에 서 있고, 그림 뒷줄 좌중간에서 왼손을 들어 옆 사람들에게 뭔가 열심히 설파하고 있는 듯한 사람이 소크라테스다.

(이탈리아 바티칸궁전 소장)

안 된다'고 주장하는 게 적절하다고 생각하지 않나? 자네는 어떻게 생각하나? 이렇게 말하는 게 맞지 않나?

크리톤 맞는 말이네.

소크라테스 그러면 좋은 견해는 존중해야 하고, 나쁜 견해는 존중하지 말아야겠지?

크리톤 그렇네.

소크라테스 분별력 있는 사람들의 견해가 좋은 견해이고, 개념 없는 자들의 견해가 나쁜 견해 아닌가?

크리톤 자네 말이 맞네.

소크라테스 자, 다음의 상황을 놓고 우리가 어떻게 논의했지? 운동을 하는 사람 또는 직업으로 삼은 사람은 모든 사람의 칭찬과 비난에 주의를 기울일까? 아니면 한 사람의 (즉, 자신의 의사 혹은 훈련사) 말에 주의를 기울일까? b

크리톤 단 한 사람의 말에 주의를 기울이네.

소크라테스 그러면 운동선수는 저 한 사람[138]의 비난을 두려워하고 칭찬을 환영해야지, 많은 이들의 비난을 두려워하거나 칭찬을 환영해서는 안 되네.

크리톤 당연하네.

---

138 즉, 자신의 의사 혹은 훈련사.

소크라테스 따라서 운동선수는 한 사람, 즉 전문적 지식을 가진 감독이 좋다고 생각하는 대로 훈련해야 하며 먹고 마셔야 하네. 다른 모든 사람들이 좋다고 생각하는 것보다는 말이지.

크리톤 그렇네.

c

소크라테스 그런데 운동선수가 한 사람에게 불순종하고 그의 견해와 칭찬을 무시한다면, 그리고 하등의 전문 지식을 가지지 않은 많은 이들의 견해와 칭찬을 존중한다면 이 사람이 아무런 해를 입지 않을까?

크리톤 어떻게 그럴 수 있겠나?

소크라테스 그가 당하게 될 해악이 뭘까? 그 해악은 어디로 향할까? 그리고 불순종하는 자의 어떤 부분에 영향을 미칠까?

크리톤 물론 그의 몸에 영향을 미치겠지. 왜냐하면 그것이 그의 몸을 망칠 테니까.

소크라테스 잘 대답했네. 그러면 오, 크리톤이여! 다른 것들―모든 것을 전부 열거하지 않으려니 하는 말이네만―에서도, 그러니까 정의로운 것들과 불의한 것들, 수치스러운 것들과 훌륭한 것들, 좋은 것들과 나쁜 것들―즉, 우리가 지금 숙고하고

d

있는 것들―에 관해서도 진실로 우리가 많은 이들의 견해에 따르고 이를 두려워해야 하는 건가? 그렇지 않으면―만일 누군가 전문적인 앎을 가진 자가 있다면―한 사람의 견해를 다

른 모든 이들의 견해보다 경외하고 두려워해야 하는 건가? 만약 이 사람[139]의 견해를 따르지 않는다면, 우리는 정의 덕분에 더 훌륭해지는 반면 불의 때문에 파멸되는 것[140]을 타락시키고 불구로 만들게 될 거네. 아니면 이런 일이 아무것도 아니라는 건가?

크리톤 자네 말이 옳다고 생각하네. 오, 소크라테스여!

소크라테스 그러면 건강해서 더 훌륭하게 되는 반면 질병 때문에 해를 입는 부분을 우리가 전문 지식을 가지지 못한 자들의 견해에 따라서 망치게 된다면, 이 부분이 해를 입었을 때 우리 삶이 살 가치가 있을까? 물론 이 부분은 몸이겠지? 그렇지 않은가?

크리톤 그렇네.

소크라테스 몸이 안 좋은 상태이고 해를 입었을 때 우리 삶은 살 가치가 있을까?

크리톤 결코 그렇지 않네.

소크라테스 그러면 불의 때문에 불구가 되고 정의 때문에 유익을 얻는 부분[141]이 해를 입었을 때 우리가 이런 상태로 사는 게 살 만한 가치가 있을까? 아니면 혹시라도 우리가 이 부분이

139　전문가.
140　즉, 영혼.
141　영혼.

몸보다 더 보잘것없다고 생각하는 건가? 그게 우리가 가진 무엇이건 간에, 불의나 정의가 이와 연관되었는데도 말이네.

크리톤 그 부분[142]은 몸보다 절대 보잘것없지 않네.

소크라테스 그렇다면 몸보다 더 존귀한 건가?

크리톤 물론이네.

소크라테스 그러면 오, 가장 훌륭한 자여! 우리는 많은 이들이 우리에게 뭐라고 말할지 유념해서는 안 되네. 그보다 정의로운 것들과 불의한 것들에 관해 전문적 앎을 가진 자가 무슨 말을 할지, 즉 한 사람이 말하는 바를 그리고 진리 자체가 말하는 바를 주목해야 하네. 그러니까 자네는 애당초 논의를 올바르게 시작하지 않았네. 정의로운 것들과 아름다운 것들, 그리고 좋은 것들과 이와 상반된 것들에 관해서 우리가 많은 이들의 견해를 고려해야 한다고 했으니 말이네. 물론 혹자는 이렇게 말할 거네. "그렇지만 많은 이들은 우리를 죽일 수도 있습니다."

크리톤 그 또한 분명하네. 정말 그렇게 말할 수 있을 거네. 오, 소크라테스여!

소크라테스 자네 말이 맞네. 하지만 오, 놀라운 자여! 내가 생각하기에 우리가 지금까지 검토해온 이 원칙은 예전에 그랬던 것

---

142 영혼.

처럼 지금도 여전히 참인 듯하네. 그러면 이제 이걸 고찰해보게. 사는 게 아니라 잘 사는 걸 가장 중요시해야 한다, 이것이 여전히 우리에게 유효한지 아닌지 말이네.

크리톤 여전히 유효하네.

소크라테스 잘 사는 게 훌륭하고 정의롭게 사는 것과 동일한가? 이 원칙은 성립하나, 그렇지 않나?

크리톤 성립하네.

소크라테스 그러면 지금까지 우리가 합의를 이끌어낸 귀결[143]로 다음을 고찰해야 하네. 아테나이 사람들이 석방해주지 않았는데도 내가 여기서 탈출하려고 시도하는 게 과연 정의로운 것인지 아닌지 말이네. 만약 그것이 정의롭다고 생각되면 그렇게 시도해보세. 하지만 그렇지 않다면 그만두세. 자네가 말하는 비용 문제나 명성, 아이들 양육을 고려하는 것은 진실로 오, 크리톤이여! 아무런 분별 없이 쉽게 사람들을 죽였다 보란듯이 다시 살려내는 자들, 즉 많은 이들의 고려 사항일 따름이네.

반면 우리는 논증이 우리를 이렇게 인도하고 있으니, 지금

---

143 첫째, 단순히 사는 게 중요한 게 아니라 잘 사는 게 중요하다. 둘째, 잘 사는 것은 올바르게(정의롭게) 사는 것이다.

논의하고 있던 것 외에는 그 무엇도 고려하면 안 되네. 즉, 나를 여기서 빼내줄 사람들에게 돈을 지불하고 사례하는 게 탈출시키는 자와 탈출하는자[144]에게 과연 올바른 행동인지. 그리고 이 모든 일을 행하는 게 진실로 불의를 행하는 것인지 말이네. 만약 이런 일을 행하는 게 불의를 행하는 것이라고 생각된다면, 여기 남아서 조용히 있다가 죽어야 하는지, 다른 어떤 일을 당해야 하는지 헤아려서는 안 되네. 불의를 행하는 것과 비교하면 말이네.

크리톤 자네 말이 맞는 것 같네. 오, 소크라테스여! 하지만 우리가 무엇을 해야 할지 살펴보게.

소크라테스 오, 훌륭한 자여! 함께 검토해보세. 그리고 내가 이야기할 때 반박할 게 있다면 반박하게. 그러면 자네 말에 승복하겠네. 만약 그렇지 않다면 오, 행복한 자여! 같은 논증을 나에게 자꾸 반복해서 하는 걸 그만두게. 아테나이 사람들이 동의하지 않는데도 내가 여기서 떠나야 한다고 말이네. 나는 이 문제만큼은 자네가 동의하지 않는데도 행하는 게 아니라, 자네를 설득한 후에 행하는 것이 중요하다고 생각하네. 자, 자네가

---

144 탈출시키는 자는 소크라테스의 친구들을, 탈출하는 자는 소크라테스 자신을 가리킨다.

보기에 우리 검토의 출발점이 적절히 논의되고 있는지 살펴 보게. 그리고 자네가 최선이라고 생각하는 답을 말해보게. 49a

크리톤 그렇게 해보겠네.

소크라테스 우리는 결코 의도적으로 불의를 행하면 안 되는가? 아 니면 어떤 경우에는 불의를 행해야 하지만, 다른 경우에는 불 의를 행하면 안 되는 건가? 또한 우리가 이전에 여러 차례 합 의한 것처럼 불의를 행하는 것은 결코 좋은 일도, 아름다운 일도 못 되는가? 아니면 우리가 앞서 합의했던 모든 것이 최 근 며칠 사이에 내동댕이쳐졌나? 그래서 오, 크리톤이여! 우 리처럼 연로한 사람들이 서로 심각하게 대화하면서도 자신 이 아이나 다를 바 없음을 이미 한참 전부터 까마득하게 모 르고 있었다는 건가? 무엇보다 우리가 일전에 논의했던 바가 b 사실인가?· 많은 이들이 동의하든 그렇지 않든, 또 우리가 지 금 겪는 것보다 더 힘든 일을 겪어야 하든 아니면 더 가벼운 일을 겪어야 하든, 여하간 불의를 행하는 것은 반드시 그것을 행하는 사람에게 나쁘고 수치스러운 건가? 우리가 이렇게 말 하는 건가, 그렇지 않나?

크리톤 우리는 그렇게 말하네.

소크라테스 그렇다면 어떤 경우라도 불의를 행해서는 안 되네.

크리톤 물론이네.

소크라테스 설령 불의를 당하더라도 많은 이들이 생각하듯이 불의
로 갚아서는 안 되네. 왜냐하면 결코 불의를 행해서는 안 되
기 때문이네.

c

크리톤 그런 것 같네.

소크라테스 그러면 이건 어떤가? 오, 크리톤이여! 우리가 누군가에
게 해를 입히는 일은 옳은가, 아닌가?

크리톤 물론 그러면 안 되네. 오, 소크라테스여!

소크라테스 그러면 어떤가? 우리가 어떤 사람에게 해를 입었을 때,
많은 이들이 주장하듯 해로 되갚는 것은 정의로운가? 아니면
정의롭지 않은가?

크리톤 결코 정의롭지 않네.

소크라테스 그건 사람들에게 해를 입히는 일이 불의를 행하는 것
과 다를 바 없기 때문이네.

크리톤 옳은 말이네.

소크라테스 우리는 어떤 사람에게도 불의를 불의로 갚아서도 안
되고, 해를 입혀서도 안 되네. 그들에게 무슨 일을 당하든지
말이네. 또한 오, 크리톤이여! 자네 견해를 저버리고 이 의견
에 동의하지 않도록 주의하게. 이처럼 생각하는 사람[145]은 소

d

---

145 즉, 불의한 일을 당하더라도 불의를 불의로 갚아서는 안 되며 누구에게도 해를

수이고 앞으로도 그럴 것임을 나도 알고 있기 때문이네. 이런 생각을 하는 사람들과 그렇게 생각하지 않는 자들 사이에는 공통의 숙고[146]가 없으며, 이들은 필연적으로 상대방의 숙고 사항을 지켜볼 때 서로를 멸시한다네. 그러니 자네도 주의 깊게 살펴보게. 자네가 나와 같은 견해를 가지고 내 생각이 자네도 옳다고 생각해서 우리가 한 전제─즉, 불의를 행하거나 불의를 불의로 갚는 것은 올바르지 않으며 설령 해를 입더라도 상대방에게 해를 입히면서까지 자신을 방어하는 것은 올바르지 않다는 전제─에서 숙고를 시작할 수 있는지 말이네. 아니면 자네는 이에 반대하고, 이를 논의의 출발점으로 삼는 것에 동조하지 않나? 나는 예전부터 지금까지 그렇게 생각하니 말이네. 하지만 자네는 다르게 생각한다면 말해주게. 그리고 설명해주게. 반대로 우리가 앞서 논의한 것들을 자네가 고수한다면, 다음 내용에 귀를 기울여보게.

크리톤 나는 우리가 앞서 논의한 것을 고수하고, 그 견해에 동조하네. 그러니 말해보게.

소크라테스 그러면 다음 내용을 말하겠네. 아니, 오히려 나는 질문

e

끼쳐서는 안 된다고 생각하는 사람.
146 또는 의사결정boulē.

옥스퍼드 필사본

895년에 콘스탄티노플에서 제작되어 1809년에 영국 옥스퍼드대학교에 인수된 플라톤의 대화편 필사본. 좌측은 《소크라테스의 변론》의 첫 페이지 모습이고, 우측은 《크리톤》의 첫 페이지 모습이다.

(영국 옥스퍼드대학교 보들리언도서관 소장, 출처: the Codex Oxoniensis Clarkianus 39)

을 던지겠네. 혹자가 무슨 일을 하겠다고 누군가와 합의한다면, 그 일이 정의로운 것인 한 행해야 하는가? 아니면 약속을 어겨야겠나?

크리톤 해야겠지.

소크라테스 그러면 여기서 나오는 귀결을 살펴보게. 만약 우리가 폴리스를 설득하지 않은 채 이곳을 떠난다면 우리는 누군가에게 해를 끼치는 것이고, 특히나 가장 해를 입히지 말아야 할 이들에게 해를 입히는 거겠지? 아닌가? 이는 우리가 합의한 대로 정의로운 것들을 고수하는 것인가, 아닌가?   50a

크리톤 나는 자네의 질문에 답할 수 없네. 오, 소크라테스여! 이해하지 못하겠거든.

소크라테스와 아테나이 법률의 가상 대화(50a6~54e2)

소크라테스 이렇게 고찰해보게. 만약 우리가 이곳에서 탈출하려는—아니면 이런 일을 뭐라고 명명하든지 간에—참인데, 법률과 국가가 우리 앞에 나타나서 이렇게 질문한다고 생각해보세.

"나에게 말해보게. 오, 소크라테스여! 자네는 지금 무슨 일을 하려고 마음먹고 있나? 자네가 지금 하려는 일을 통해서   b
자네의 능력이 닿는 한 우리, 즉 법률과 폴리스 전체를 파멸시킬 작정이 아닌가? 아니면 자네 생각에는 법정에서 내려진 판결들이 아무런 효력을 가지지 못하고, 사인私人들로 무효화되고 파기되더라도 폴리스가 전복되지 않고 계속 존립할 수 있다고 보이나?"

오, 크리톤이여! 이런 물음 또는 유사한 다른 물음에 우리가 뭐라고 답할 건가? 혹자, 특히나 공공 연설가rhētor[147]라면 지금 우리가 파괴하는 이 법률—즉, 법정에서 내려진 판결이 효력을 가지도록 명령하는 법률—을 옹호하고자 할 말이 많을 것이네. 이 질문에 우리가 "그렇소. 폴리스가 우리에게 불의를 행했고, 우리 재판을 올바르게 판결하지 않았기 때문이오."라고 답할 건가? 아니면 뭐라 말할 건가?

크리톤 제우스께 맹세컨대, 그렇게 답할 거네. 오, 소크라테스여!

소크라테스 그러면 법률이 다음과 같이 말하면 어쩔 건가?

"오, 소크라테스여! 우리와 자네는 여기에도 합의하지 않았나? 폴리스가 내린 판결을 충실히 이행하기로 말이네."

우리가 이 말에 놀란다면, 아마도 법률은 이렇게 말할 거네.

"오, 소크라테스여! 우리의 말에 놀라지 말고 대답해보게. 자네는 묻고 답하는 데 익숙하지 않나. 자, 우리와 폴리스에 도

c

d

---

147 특정 법률을 폐지하도록 제안하는 사람이 있을 때, 법률을 지키는 역할을 맡은 공공 변호인synēgoros을 말한다.

대체 무슨 잘못이 있기에 자네는 우리를 파괴하려고 하나? 무엇보다 먼저 우리가 자네를 (적법하게) 낳아주지 않았나? 그러니까 우리 덕택에 자네 아버지가 자네 어머니를 취했고, 자네를 출산한 거 아닌가? 그러니까 말해보게. 우리 중에 하나인 혼인 관련 법률이 잘못되었다고 비난하는 건가?"

이에 대해 나는 "아니요, 저는 그걸 비난하는 게 아닙니다"라고 답할 거네.

"그러면 아이의 출생과 양육, 교육을 다룬 법률에 불만이 있는 건가? 자네도 그렇게 교육받지 않았나? 아니면 우리 가운데 이런 분야를 관장하는 법률들이 자네 아버지가 자네에게 문예와 체육 교육을 시키도록 명하면서 잘못된 조치를 내렸다는 건가?"

이 물음에 나는 "그건 올바른 명령이었습니다"라고 답할 거네.

"좋네. 그러면 자, 자네의 출생과 양육, 그리고 교육을 감안하면 우선 자네가 우리 후손이자 노예[148]가 아니라고 말할 수 있는가? 자네는 물론이고 자네 조상들도 마찬가지로 말이

---

148 기원전 5~4세기 아테나이에서는 법률이 시민의 자유와 권리를 제약하는 (유일한) 주인이라는 생각이 회자되었다.

네. 만약 사정이 이와 같다면, 정의로움 앞에서 자네가 우리와 대등하다고 생각하나? 그래서 우리가 자네에게 무슨 일을 행하려고 하든지, 자네도 우리에게 똑같이 되갚는 게 정당하다고 생각하는 건가? 자네는 정의라는 관점에서 아버지와 대등하지 않으며 ─ 혹시라도 자네에게 주인이 있다면 ─ 주인과도 대등하지 않다네.

51a

그래서 자네가 무슨 일을 당하든 이를 되갚을 수 있는 건 아니네. 가령 야단맞았다고 해서 이를 되받아칠 수 없고, 얻어맞았다고 해서 반격할 수도 없네. 이와 유사한 다른 많은 경우에서도 마찬가지네. 그런데 자네는 조국과 법률에 대항할 권한이 있다는 건가? 그래서 만약 우리가 자네를 죽이는 게 정의롭다고 생각해 자네를 죽이려 한다면, 자네도 온 힘을 다해 우리 법률과 조국을 파괴하려고 시도할 건가? 이런 일을 하면서도 정의로운 것들을 행하노라고 주장할 건가? 자네가 진정으로 탁월함에 마음을 쓰는 자인데도 말이네. 조국은 자

b

네 모친이나 부친 그리고 다른 모든 조상보다 더 존귀하고 경건하고 성스러워, 신들과 지각 있는 사람들에게 더 존귀하게 여겨지지. 자네가 그토록 지혜로운데도 부친보다는 조국을 더 경외하고 순종해야 하며, 조국이 분노했을 때는 달래야 한다는 것조차 깨닫지 못한다는 건 아니겠지? 조국을 설득하거

나 아니면 조국이 명하는 것은 무엇이든 행해야 한다네.

그리고 조국이 자네에게 어떤 처분을 내린다면 자네는 이를 조용히 감내해야 하네. 가령 매를 맞거나 결박되어야 하면 이를 감내해야 하고, 전쟁터에 보내서 부상당하게 하거나 사망하게 하더라도 이를 이행해야 하는 거라네. 이렇게 하는 게 정의로운 것이네. 즉, 전쟁터에서든 법정에서든 항복하거나 물러나거나 자기 자리를 떠나면 안 되고, 그 어디에서나 폴리스와 조국이 명하는 바를 이행해야 하는 거라네. 아니면 진정으로 정의로운 것이 무엇인지, 조국을 설득해야 하네. 모친이나 부친에게 폭력을 행사하는 게 불경한 일이라면, 조국에게 폭력을 행사하는 건 이보다 훨씬 더 불경한 게 아니겠나?"

이 말에 우리가 뭐라고 답해야겠나? 오, 크리톤이여! 법률이 진실을 이야기하는 건가, 아닌가?

크리톤 내 생각에는 진실을 이야기하는 것으로 보이네.

소크라테스 아마도 법률은 이렇게 이야기할 거네.

"오, 소크라테스여! 이렇게 생각해보게. 만약 우리가 말하는 바가 사실이라면, 자네가 지금 하려는 일을 저지르는 것은 우리에게는 그닥 정의로운 행위는 아니라네. 왜냐하면 우리가 자네를 낳았고 양육했고 교육했으며, 우리가 제공할 수 있는 모든 훌륭한 것들을 자네와 다른 모든 시민에게 나누어주

d

었기 때문이네. 또한 우리는 다음과 같은 바를 허가하는 포고
령을 내린다네.

'아테나이 사람들 가운데 원하는 자, 즉 시민의 지위에 도
달했고[149] 폴리스 사안들과 우리의―즉, 법률의―집행을 지
켜본 자는 우리를 탐탁지 않게 여길 경우에 자기 소유물을
가지고 원하는 곳으로 떠날 수 있다.'

우리 법률은 이를 전혀 방해하거나 금하지 않네. 또 어떤
이가 우리 혹은 폴리스를 탐탁지 않게 여겨서 식민지로 이주

e

하려 하거나[150] 혹은 다른 곳으로 이민 가기를 원한다면, 자
신의 재산을 가지고 원하는 곳에 갈 수 있도록 허용하네. 하
지만 자네들 중 누군가가 우리가 법정 송사를 집행하는 방식,
그 밖의 다른 일들에서 폴리스를 운영하는 방식을 지켜보고
서도 여기 남는다면, 이미 그는 그 행위 자체로 우리가 명하
는 바를 이행하겠다고 동의한 셈이네.[151] 우리는 그가 우리에

---

149 18세가 된 아테나이 청년은 의회에서 성인 자격 획득을 위한 심사dokimasia를 받
    았고, 이를 통과하면 시의 명부에 등록되었다.
150 소크라테스는 기원전 444년(25세 때)에 투리온(이탈리아 남부의 식민 도시)으로
    이주할 수 있었다.
151 법률의 관점에서 보면, 소크라테스가 아테나이 법률 시스템과 각종 국가 제도를
    목격한 후에도 떠나지 않은 것은 이미 그 행위ergō로(혹은 명시적으로) 아테나이
    법률 시스템에 순종하겠다고 동의한 것이다.

게 순종하지 않을 경우 세 가지 불의를 저지르고 있다고 주
장하네. 즉, 그는 우리가 자신을 낳아준 자인데도 불순종하는
것이고, 양육한 자에게 불순종하는 것이며, 우리에게 순종하
겠다고 합의했는데도 불순종하는 것이냐고 말이네. 설령 우
리가 뭔가 잘못하고 있다손 치더라도 우리를 설득하지도 않
네. 우리는 그에게 제안하는 것이지, 우리가 명하는 바를 이
행하라고 사납게 다그치는 것도 아닌데 말이네. 우리는 그에
게 두 가지 선택지―즉, 우리를 설득하든지 아니면 우리가
말하는 대로 행하든지―를 허용하네. 그런데도 그는 둘 중
아무것도 하지 않고 있네. 오, 소크라테스여! 만약 자네가 염
두에 둔 일을 감행하면, 우리는 자네도 이와 똑같은 비난을
받게 될 것이라고 생각하네. 최대한 많은 아테나이 사람들에
게 말이네."

    내가 "어째서 그렇지요?"라고 묻는다면, 아마도 그들은 나
를 질책하겠지. 내가 이 점에서 아테나이 사람 가운데 그 누구
보다 가장 확실히 그들과 합의한 사실을 지적하면서 말이네.

    그들은 이렇게 말할 것이네.

    "오, 소크라테스여! 우리에게는 자네가 우리와 폴리스에
만족하고 있었음을 보여줄 강력한 증거가 있네. 만약 자네가
특별히 우리를 좋아하지 않았다면, 다른 모든 아테나이 사람

52a

b

거울을 보는 소크라테스

프랑스 화가 베르나르 바이양Bernard Vaillant(1632~1698년)과 스페
인 화가 주세페 드 리베라Jusepe de Ribera(1591~1652년)가 17세기경
에 함께 작업한 동판화.

(미국 메트로폴리탄미술관 소장)

중에서 이곳 고향에 그렇게 오랫동안 머무르지 않았을 것이기 때문이지. 자네는 이스트모스ısthmos에 한 번 간 것을 제외하면 결코 폴리스를 떠나 제전을 구경하러 간 적도 없었고,[152] 군 복무 외에는 다른 어떤 곳에도 간 적이 없네.[153] 또한 자네는 다른 사람들처럼 해외를 여행한 적도 없고, 다른 폴리스나 다른 법률을 알고자 열의를 가지지도 않았네. 자네에게는 우리와 우리 폴리스로 충분했던 게지. 자네는 우리를 이처럼 열렬히 선호했고, 우리가 지시하는 바에 따라 폴리스의 시민으로서 살아갈 것에 동의했네. 무엇보다 자네는 여기서 아이들을 낳았는데, 이는 자네가 폴리스에 만족했기 때문이네. 더구나 재판받을 때도 자네가 원하기만 했다면 추방형을 제안할 수 있었네.[154] 그러니 지금 폴리스가 용인하지 않는데도 자네가 감행하려는 바를 이미 그때[155] 폴리스의 동의를 얻어서 할 수 있었을 거네.

c

그런데 그때 자네는 잘난 체하면서 설령 죽을지언정 개의

---

152 이스트모스 제전은 올림피아 제전과 더불어 그리스의 4대 스포츠 제전 중 하나였다.
153 《소크라테스의 변론》 28e2에 따르면, 소크라테스는 펠로폰네소스전쟁 중에 포테이다이아, 암피폴리스, 델리온의 전투에 참전했다.
154 《소크라테스의 변론》 37b~38b 참고.
155 재판받을 당시.

치 않을 것이라고 공언했네. 그러고는 말하기를, 추방을 택하느니 차라리 죽음을 택하겠다고 했네. 그런데도 지금 자네는 과거에 했던 말들에 수치를 느끼지도 않으며, 우리 법률에 경의를 표하지도 않고 있네. 우리를 파괴하려고 시도하면서 말이네. 오히려 자네는 가장 저열한 노예가 할 법한 일을 행하고 있네. 자네가 우리와 맺은 계약과 (이에 의거해서 자네가 시민으로 폴리스에서 살아가기로 했던) 합의를 저버리고 탈출하려고 시도하면서 말이네. 그러면 먼저 다음 물음에 답해보게. 자네가 우리의 요구 사항에 따라 시민으로서 살아갈 것에 비록 말로 동의한 것은 아니나 행동으로 동의했다고 우리가 말한다면 이 말은 올바른가, 올바르지 않나?"

오, 크리톤이여! 우리는 이 말에 뭐라고 답해야겠나? 이 말이 올바르다는 것에 동의해야 하지 않겠나?

크리톤 동의해야만 하네. 오, 소크라테스여!

소크라테스 그들은 이렇게 말할 거네.

"그렇다면 자네는 우리와 맺은 계약과 합의를 어기려는 게 아니겠나? 자네가 강제로 합의했거나 사기당한 것도 아니고, 짧은 시간 동안 숙고하도록 강요받은 것도 아닌데 말이네. 오히려 자네는 70년 동안 숙고할 수 있었지. 그리고 만일 우리가 자네 마음에 들지 않거나 자네가 보기에 합의가 부당

하다고 생각되었다면 떠날 수도 있었네. 그런데도 자네는─

잘 다스려지고 있다고 자네가 늘 말해온 폴리스들인─라케

다이몬Lacedaimōn[156]이나 크레테Krētē를 택하지 않았고, 다른

어떤 그리스 폴리스 또는 이방 국가도 택하지 않았네. 또 자

네는 다리가 불편하거나 눈이 안 보이는 사람들, 그 외 몸이

불편한 다른 사람들보다 더 아테나이 밖으로 외유한 일이 적

네. 그렇다면 자네는 다른 아테나이 사람들보다 더 특출하게

이 폴리스와 우리 법률에 만족했던 것이 명백하네. 도대체 누

가 법률에 만족하지 않으면서 폴리스에만 만족하겠는가? 그

러니 이제는 합의한 바를 충실히 이행하지 않겠나? 오, 소크

라테스여! 만일 자네가 우리 충고를 받아들인다면 그렇게 할

거네. 그러면 적어도 폴리스를 떠나 웃음거리가 되지는 않을

거네.

　이렇게 생각해보게. 자네가 합의 사항을 위반하고 잘못을

저지른다면, 자네 자신이나 자네 동료들에게 무슨 유익을 주

겠나? (자네와 마찬가지로) 자네 동료들도 추방되고 시민권을 박

156　크세노폰의 《소크라테스 회상》 4.4.15에 따르면, 소크라테스는 법률에 대한 라
　　케다이몬(스파르타) 사람들의 복종을 높이 평가했다. 아마도 이런 이유로 아리스
　　토파네스는 《새》 1281-3에서 소크라테스와 그 추종자들을 '라코니아 사람들'이
　　라고 묘사한다.

탈당하거나 재산을 잃을 위험에 처하게 될 것이 거의 확실하니 말이네. 또한 자네가 인접한 폴리스 중 하나, 즉 테바이Thēbai 또는 메가라Megara —둘 다 잘 다스려지는 곳이네만—로 간다면[157] 오, 소크라테스여! 자네는 그곳의 정치체제에 적대 세력으로 가게 될 것이네. 자기 폴리스에 관심을 가진 사람이라면 누구든지 자네를 의혹의 눈초리로 바라보면서 자네를 법률 파괴자로 생각할 거네. 그리고 자네는 배심원들의 생각이 옳았음을 확증할 거네. 그래서 그들은 자네에게 내린 판결[158]이 올바른 것이었다고 생각할 거네. 왜냐하면 법률 파괴자는 진정으로 젊은이들과 어리석은 자들을 타락시키는 자라고 간주될 법하기 때문이지. 그러면 자네는 가장 잘 다스려지는 폴리스와 가장 질서 있는 사람들을 회피하겠나? 이렇게 했을 경우에 자네 삶이 살 가치가 있겠나? 아니면 자네는 이 사람들에게 접근해서 후안무치하게 그들과 대화하겠나? 그들에게 무슨 말을 할 건가?

오, 소크라테스여! 자네가 이곳에서 즐겨 말하던, 탁월함과 정의 그리고 합법적인 것과 법률이 사람들에게 최고로

---

157 테바이와 메가라 모두에 소크라테스의 친구들이 있었다(45b 참고).
158 사형선고.

가치 있다고 말할 건가? 자네는 자네의 이런 행위가 볼썽사 d
납게 보일 것으로 생각하지 않나? 마땅히 그렇게 생각해야
하네. 아니면 자네는 그곳들을 떠나 테살리아에 있는 크리톤
의 지인에게로 갈 건가? 거기는 무질서와 방종이 만연한 곳
이라네. 아마도 그곳 사람들은 자네가 변장하고서 얼마나 우
스꽝스럽게 감옥에서 탈출했는지 즐거이 듣게 되겠지. 가죽
외투를 걸치거나 도망자가 입을 법한 것들로 변장한 것을
말이네. 하지만 살 시간도 얼마 남지 않은 노인이 이렇듯 탐 e
욕스럽게 살기를 열망하면서 가장 중대한 법률까지 위반하
느냐고 말할 사람이 있겠나? 아마도 자네가 누군가를 괴롭
게 하지 않는다면야 아무도 그렇게 말하지 않겠지. 하지만 누
군가를 괴롭힌다면 오, 소크라테스여! 자네는 불명예스러운 말
들을 많이 듣게 될 거네. 그러니 자네는 모든 사람들의 환심을
사면서 모든 이의 노예로 살아갈 것이네. 테살리아에서는 잔치
를 벌이는 것[159] 외에 뭘 하겠나? 마치 자네가 만찬을 위해 테살
리아로 이주한 것처럼 말이네.

하지만 정의와 그 밖의 다른 탁월함에 관한 지난날의 대화 54a

---

159 방탕한 삶을 가리킨다(아리스토파네스 《개구리》 85행 참고).

소크라테스의 죽음
프랑스 화가 자크루이 다비드가 그린 높이 1.3미터, 너비 1.9미터의 유화(1787년).
(미국 메트로폴리탄미술관 소장)

들[160]은 어떻게 되겠나? 자네가 살고자 하는 건 아이들 때문인가? 이들을 양육하고 교육하려고? 어떻게 그런가? 자네는 자식들을 테살리아로 데려가서 양육할 것인가? 자식들을 이방인으로 전락시켜[161] 이런 유익[162]을 누리도록 하면서 말인가? 혹은 그 대신에 자네는 (타지에) 살면서 자식들은 이곳에서 양육한다면[163] 자네가 함께 지내지 않더라도 자식들을 더 잘 양육하고 교육할 수 있을까? 그렇네. 왜냐하면 자네 동료들이 자네 자식들을 돌보아줄 것이기 때문이네. 자네 동료들은 자네가 테살리아로 이주할 경우에 자네 자녀들을 돌봐주겠지. 하물며 자네가 하데스로 갈 경우에는 더욱더 돌보아주지 않겠나? 자네 동료라고 공언하는 자들이 무슨 유익이라도 있는 자들이라면, 그들이 어떤 경우든지 자네 자식들을 돌보아줄 것이라고 생각해야 하네.

오, 소크라테스여! 자네를 양육한 우리의 말을 따르게. 그리고 자식들이든 사는 일이든 다른 어떤 것도 정의보다 중히

b

---

160 혹은 원칙들.
161 아버지와 마찬가지로 아테나이 시민권을 박탈당한 채.
162 불이익의 반어적 표현.
163 소크라테스가 자식들을 테살리아로 데려가 양육하는 대신에 자기 혼자 테살리아로 피신하고 자식들은 그냥 아테나이에서 양육한다면.

여기지는 말게. 자네가 하데스에 이르렀을 때 그곳에서 다스리는 자들[164]께 이 모든 것으로 변론할 수 있도록 말이네. 왜냐하면 자네가 이처럼 무모한 일을 감행하는 것은 이승에서도 자네나 자네 친구들에게 더 좋지 않고 더 정의롭지도 않으며 더 경건하지도 않을뿐더러 자네가 저승에 간 후에도 더 좋지 않을 것이기 때문이네. 자네가 지금 떠난다면 우리 법률이 아니라 사람들에게 불의를 당한 채 떠나는 것일 테지. 하지만 자네가 이렇듯 수치스럽게 불의를 불의로 갚고 악을 악으로 갚으면서 자네 자신이 우리와 맺은 합의와 계약을 배신하고, 또 자네가 가장 해쳐서는 안 될 이들—즉, 자네 자신과 자네 친구들 그리고 조국과 우리—에게 해를 입힌 채 떠난다면 어떻겠는가? 자네가 살아 있는 동안에는 우리가 자네에게 분노할 것이고, 하데스에 있는 우리 형제 법률도 그곳에서 자네를 반겨 맞이하지 않을 거네. 자네가 무슨 짓을 해서라도 우리를 파괴하려고 한 것을 그들도 알기 때문이네. 그러니 크리톤이 자네에게 우리의 말보다 그가 말하는 바를 행하도록 설득하게 내버려두지 말게."

c

d

---

164 그리스 전통에 따르면 미노스, 라다만튀스, 아이아코스가 저승의 세 판관이었다. 이들은 살아생전에 정의로운 자들이라는 평판을 얻었기에 저승에서 판관 역할을 맡게 되었다.

오, 사랑하는 동료 크리톤이여! 내가 이런 말을 듣게 될 것이라고 생각한다는 사실을 잘 알아두게. 나는 마치 코뤼반테스의 황홀경에 빠진 자들[165]이 (플루트 연주가 끝난 후에도) 플루트 소리를 듣고 있다고 생각하는 것과 같다네. 이런 논증의 음성이 내 안에서 크게 울려 퍼져서 다른 소리를 들을 수 없도록 하고 있네. 그러니 잘 알아두게. 적어도 지금 내가 생각하고 있는 바에 관해서라면, 만약 자네가 이를 반박하는 이야기를 하더라도 자네 말은 소용없을 거네. 그렇지만 자네가 더 하고 싶은 말이 있다면 말하게.

크리톤 오, 소크라테스여! 나는 더 할 말이 없네.

소크라테스 그러면 오, 크리톤이여! 내버려두세. 그리고 신께서 이렇게 인도하시니, 이대로[166] 행하기로 하세.

e

---

165 본래 코뤼반테스는 소아시아 프뤼기아의 퀴벨레 여신을 섬기는 사제들이었는데, 이들은 플루트와 북소리에 맞추어 광란의 춤을 추었다. 광란의 춤을 추는 자들이 반주가 그친 후에도 계속 음악 소리를 듣는 것처럼 느끼듯, 지금 소크라테스는 법률의 논증이 자기 귓속에 계속 맴돌기 때문에 다른 소리를 들을 수 없다고 말한다.
166 법률이 명령하는 바를, 즉 사형을 받아들이는 것.

《소크라테스의 변론》 해제 ─────

1
역사적 배경

기원전 5세기경 펠로폰네소스전쟁이 끝나고 승리한 스파르타는 과두파를 지원해서 아테나이의 민주정을 무너뜨리고 30인 과두정을 세운다. 과두파는 8개월 동안 통치하면서 대략 1500명의 시민을 처형하고 수천 명을 추방한다. 숙청을 모면한 민주파는 페이라이에우스로 피신해서 아테나이의 장군 트라쉬불로스Thrasyboulos를 중심으로 과두정에 저항한다. 기원전 403년 과두파가 민주파의 본거지를 공격했으나 민주파의 강력한 저항에 부딪혔고, 이때 크리티아스[167]를 비롯한 몇몇 과두파 지도자들이 살해된다.

그 결과 살아남은 과두파는 엘레우시스Eleusis[168]로 도망쳤고, 추방당했던 민주파—소크라테스의 죽마고우 카이레폰을 포함해

---

[167] 플라톤의 당숙.
[168] 아티카 지방 서북쪽에 있는 도시.

서—가 아테나이로 귀환하게 된다. 스파르타의 지휘관 파우사니아스Pausanias의 중재로 사면 협상이 이루어졌으나 과두정을 이끈 30인과 몇몇 주동자들에게는 사면이 허용되지 않았다.

이렇게 아테나이에 다시 민주정이 회복되고 민주파 지도자들은 소크라테스를 과두정의 동조자로 의심했지만, 소크라테스는 자신이 과두파를 옹호하지 않았으며 오히려 과두정의 명령에 불복종했다고 주장했다. 소크라테스를 향한 민주파의 의심은 수그러들지 않았으나 사면령의 합의 사항 때문에 민주파는 그를 기소하지 않았다. 하지만 결국 소크라테스는 기원전 399년 불경죄로 재판받았고 사형을 당했다. 소크라테스를 고발한 고발인 중 아뉘토스는 대표적인 민주파 정치가였다.

2
아테나이의 재판제도

고대 아테나이에서 소송사건은 크게 두 범주, 즉 고발graphē과 고소dikē로 구분되었다. 고발은 특정 사안에 관한 피고의 잘못을 아무 시민이나 송사할 수 있는 반면, 고소는 범죄로 해를 입은 피해자만 소송할 수 있었다. 소크라테스의 법정 소송은 고발 사건이었다. 《에우튀프론》에서 소크라테스는 자신에게 소송을 제기한 사람을 만나본 적도 없다고 고백했다(2b7~9).

아테나이에서 재판은 공공장소에서 진행되었다. 아마도 소크라테스의 재판은 아고라 남동쪽 끝에 있는 공공건물에서 진행된 듯하다. 또한 배심원석 앞에는 원고와 피고 또는 양측을 지지하는 증인이 서서 연설할 수 있는 연단이 있었을 것이다. 재판 관계자 외에도 군중들이 재판정 주위에 모여서 원고 측과 피고 측의 변론을 들으면서 환호하거나 야유할 수 있었다. 청중들이나 배심원들의 소동 때문에 재판이 중단되는 경우도 종종 있었다.

아테나이 법정의 배심원은 30세 이상의 남성 시민으로 구성되었다. 해당 재판의 배심원은 매년 추첨으로 미리 선발한 6000명의 시민 중에서 재판 당일 오전에 다시 추첨해서 선정되었다. 또한 배심원 수는 사건의 경중에 따라서 200명에서 2500명까지 변동할 수 있었다. 소크라테스 재판은 배심원 수가 500명(또는 501명)이었다.

재판 당일, 희생 제사와 기도를 드린 후에 원고 측과 피고 측에 법정 변론 시간이 똑같이 주어졌다. 양측의 변론이 끝나면 배심원들은 투표를 해서 피고의 유무죄를 판결했다. 만약 피고가 무죄판결을 받으면 곧바로 방면되었다. 또한 원고가 배심원 5분의 1 이상의 투표를 얻지 못할 경우, 경솔하게 고발했다고 판단되어 벌금 1000드라크마를 내야 했다. 반면에 피고가 유죄판결을 받은 경우에는 형량을 결정하기 위한 2차 재판이 진행되었다.

고발 사건은 형량이 이미 법에 규정되어 있는 경우도 있지만 그렇지 않은 경우도 있었다. 형량이 법으로 규정되어 있지 않은 경우에는 피고가 자신의 형량을 배심원들에게 제안했다. 그러면 배심원들은 1차 재판 때 원고가 제시한 형량과 2차 재판 때 피고가 제시한 형량 가운데 하나를 투표로 결정해서 최종 판결을 선고했다. 최종 판결이 선고된 후 피고에게는 짤막한 최후 변론의 기회가 주어졌다.

3
소크라테스의 생애

소크라테스는 기원전 399년에 사형당했다고 나오지만, 그가 언제 태어났는가에 관해서는 논란이 있다. 디오게네스 라에르티오스는 소크라테스가 기원전 468년 5월 초에 태어났다고 말하지만, 플라톤은 소크라테스가 재판받을 당시 70세였음을 두 번 강조한다(《소크라테스의 변론》 17d, 《크리톤》 52e).

소크라테스의 어머니는 산파였으며 그의 아버지는 석공이었다. 소크라테스도 잠시 석공 일을 했던 듯하다. 또한 그는 아내 크산티페 사이에서 세 아들을 두었는데, 사형당할 때 두 아들은 아직 어린아이였다.

소크라테스의 젊은 시절에 관해서는 알려진 바가 그다지 많지 않지만, 《파이돈》 96a 이하에서 소크라테스는 자신이 일찍이 자연철학에 심취했다가 실망했다고 고백한다. 기원전 423년 상연된 아리스토파네스의 희극 《구름》에서는 소크라테스가 하늘 위의 것들과 땅 밑의 것들을 탐구하는 무신론적 자연학자의 모습, 그리고 약한 것을 강하게 만드는 소피스테스의 모습이 혼합된 우스꽝스러운 인물로 묘사되고 있다.

하지만 소크라테스의 제자인 플라톤과 크세노폰은 소크라테스가 하늘 위나 땅 밑의 것들에 관해 아는 것이 있다고 주장한 바 없으며 돈을 받고 이런 지식을 가르친 적도 없다고 말한다(플라톤, 《소크라테스의 변론》 19d~20c, 31b~c. 크세노폰, 《소크라테스 회상》 1.2.60, 1.6.5, 1.6.13). 오히려 소크라테스는 다른 이들에게 유익을 주고자 그들과 공짜로 대화를 나누었다. 그 결과, 정작 자신은 가난하게 살았다(《소크라테스의 변론》 31b~c).

4
소크라테스의 대화법

소크라테스가 사망하고 나서 플라톤 외에도 여러 저자들이 소크라테스의 생애와 행동, 그리고 재판에 관한 책을 저술했다. 그들은 모두 소크라테스의 재판 과정과 판결을 상이한 관점에서 기술했다. 이는 소크라테스가 평범한 사람이 아니었으며, 그의 삶과 죽음이 당대의 아테나이 사람들에게 많은 논란을 일으켰음을 보여준다.

소크라테스는 독단적 사상가가 아니었으며 정교한 철학 체계를 제시하지도 않았다. 오히려 그는 대화를 통해 일상적 삶의 기초를 탐구하고자 했다. 그는 아테나이 사람들의 전통과 통념을 무비판적으로 수용하는 대신 동료 시민들이 그들의 생각을 검토하도록 요구했던 것이다.

소크라테스의 대화술 또는 산파술은 다음과 같은 방식으로 진행된다.

- 소크라테스는 대화 상대자에게 'What is X?'(가령 '용감함이 무엇인가?', '아름다움이 무엇인가?') 형식의 질문을 던진다.
- 대화 상대자는 소크라테스가 질문하는 것에서 앎을 가지고

있다고 주장한다.

- 소크라테스는 해당 주제 혹은 개념에 관해 전혀 아는 바가 없다고 고백한다. 따라서 논증의 모든 전제 및 결론은 대화 상대자의 주장이다.
- 그런데 소크라테스는 논증의 결론이 최초의 전제와 서로 양립할 수 없다는 것을 보여준다.
- 결국 대화 상대자는 자신이 해당 주제에 관해 잘 모른다는 사실을 인정한다.
- 대화 상대자가 자신의 무지를 인정했으므로, 소크라테스는 그에게 해당 주제에 관한 앎을 얻기 위해 함께 탐구해볼 것을 제안한다.

하지만 그의 일상의 믿음과 가치에 의문을 던지고 검토하는 일은 많은 사람들을 불편하게 했다. 소크라테스에게 논박당한 사람들은 자신의 무지를 자각한 것에 감사하기는커녕 분노했다. 그 결과 소크라테스는 많은 사람을 적으로 만들었고, 결국 불경죄로 법정에 서게 되었다.

5
소크라테스와 플라톤의 대화편

디오게네스 라에르티오스는 《유명한 철학자들의 생애와 사상》에서 소크라테스의 친구들과 제자들 중 7인이 가장 중요한 자들로 간주된다고 말한다.

이들은 아테나이 출신의 안티스테네스Antisthenēs, 아이스키네스, 플라톤, 크세노폰과 메가라 출신의 에우클레이데스Eukleidēs 그리고 퀴레네Kyrēnē 출신의 아리스티포스Aristippos와 엘리스 출신의 파이돈Phaidōn이다. 아리스티포스를 제외하고 모두가 소크라테스를 주요 등장인물로 하는 대화편을 저술했다. 현재는 플라톤과 크세노폰의 저술만 남아 있다.

이들 외에도 소크라테스의 제자이자 주요 대화 상대인 크리톤, 글라우콘Glaukōn(플라톤의 형) 그리고 테바이 출신의 심미아스와 케베스 등이 소크라테스의 대화편을 저술했다고 알려졌지만, 철학적으로 가장 중요한 것은 플라톤이 저술한 대화편이다.

플라톤의 대화편은 크게 세 가지 장르로 구분된다.

• 드라마 형태의 대화편: 《에우튀프론》처럼 등장인물들의 대화로만 구성한 형태다.

- 내러티브적(서사적) 대화편:《국가》처럼 대화 내용을 제3자가 보고하는 형태다.
- 혼합된 형태(액자식 구성)의 대화편:《파이돈》처럼 등장인물들의 대화로 시작했으나 이들 중 누군가가 소크라테스의 대화를 보고하는 형태다.

한편 플라톤의 대화편들, 특히 초·중기 대화편에서 소크라테스의 모습은 대체로 다음과 같이 묘사된다.

- 탐구자: 소크라테스는 스승이 아니라 탐구자로 묘사된다. 즉, 그는 자신이 어떤 것에 관해서도 앎 또는 지혜를 가지고 있지 않다고 말하며, 대화법(논박, 산파술)을 통해 대화 상대자의 생각과 믿음을 비판적으로 질문하고 검토한다.
- 정의定義: 소크라테스는 탁월함 또는 윤리적으로 중요한 개념을 정의하는 데 관심을 기울인다. 가령《에우튀프론》에서는 '경건함이 무엇인가?'를 논의하고,《카르미데스》에서는 '절제가 무엇인가?'를 논의한다.《라케스》에서는 '용기',《대大 히피아스》에서는 '아름다움', 그리고《메논》과《프로타고라스》에서는 '탁월함'이 무엇인지 논의한다. 소크라테스는 'What is X?'라는 형식의 질문을 대화 상대자에게 던진다. 대화를 통해

해당 개념에 대한 대화 상대자의 정의가 타당하지 않음을 증명한다. 더 나아가 대화 상대자가 자신의 무지를 자각해서 참된 앎을 열망하도록 유도한다.

- 윤리: 소크라테스는 우리가 어떻게 살아야 하는지 탐구한다. 가령 《크리톤》은 '법과 정의의 관계'에 관해 물음을 던지고 있으며, 《고르기아스》와 《에우튀데모스》는 '삶의 목적'이 무엇인지 탐구하고 있다.

- 소피스테스: 《고르기아스》, 《프로타고라스》, 《에우튀데모스》 등 여러 대화편에서 소크라테스는 소피스테스들 혹은 이들의 제자들과 대화한다. 본래 그리스어로 '소피스테스'는 '전문 지식을 가진 자' 혹은 '전문가'를 가리키는 단어였다. 그러다 기원전 5세기경 프로타고라스Protagoras나 히피아스처럼 그리스 전역을 다니면서 지식을 가르치는 지식인들의 부류를 통칭하는 용어로 사용되었다.

당시 소피스테스들은 국가의 종교나 윤리를 부정하는 체제 전복 세력으로 간주되기도 했지만, 플라톤의 대화편에는 소피스테스의 부정적 측면과 긍정적 측면이 함께 그려진다. 가령 칼리클레스Kalliklēs나 트라시마코스Thrasymachos는 관습적 윤리를 맹렬히 공격하는 인물로 묘사된다. 에우튀데모스

Euthydēmos와 그의 형 디오뉘소도로스Dionysodoros는 상대방을 일부러 혼란스럽게 해서 속이는 뻔뻔한 사기꾼으로 나온다. 그러나 《프로타고라스》에서는 소피스테스술이 기존의 윤리와 사회 규범을 비판하는 것이 아니라, 이와 연속선상에 있는 삶의 기술을 전하는 가르침으로 규정되고 있다. 즉, 프로타고라스는 전통적 윤리를 옹호하면서 사회 정의가 어떻게 탄생했는지 설명한다.

이처럼 소피스테스의 가르침에도 긍정적 측면이 존재하지만, 소크라테스는 소피스테스를 사회의 위협으로 간주했다. 왜냐하면 이들은 확실한 앎을 가지고 있지도 않으면서 '어떻게 살아야 하는가?'라는 중요한 물음에 관해 전문가라고 공언했기 때문이다. 반면, 소크라테스는 어떤 주제와 관련해서도 전문 지식을 가지고 있지 않음을 스스로 인정한다. 그러므로 이를 얻고자 늘 탐구하며 다른 이들에게도 앎을 구하는 탐구에 동참하도록 촉구한다.

6
《소크라테스의 변론》 개요

《소크라테스의 변론》과 《크리톤》은 소크라테스가 70세의 나이로 사형당한 기원전 399년 봄에 일어난 사건, 그리고 소크라테스의 법정 변론을 극화한 대화편이다. 오늘날의 학자들은 대체로 두 대화편이 플라톤의 초기 대화편이라고 간주한다.

특히 《소크라테스의 변론》은 중간에 고소인 멜레토스와 나눈 짧막한 문답을 제외하면 거의 대부분 소크라테스의 독백 형식으로 구성되어 있다. 법정에 피고로 선 소크라테스는 자신의 언행뿐 아니라 철학 자체에 대해서도 변론하고 있다.

물론 플라톤이 소크라테스의 실제 법정 변론을 있는 그대로 묘사하고 있는지는 의문이다. 이를테면 크세노폰이 저술한 《소크라테스의 변론》 3~9와 《소크라테스 회상》 4.8.4~10에 따르면, 소크라테스는 법정 변론을 준비하지 말라는 신의 권고에 순종했으며, 노령 질환으로 고생하기 전에 죽는 게 낫다고 여겼기 때문에 적극적으로 자신을 변호하지 않았다. 비록 플라톤의 《소크라테스의 변론》에 묘사된 소크라테스의 법정 변론이 역사적 사실을 있는 그대로 재현한 것은 아니라 하더라도 가치가 있다. 적어도 이 대화편은 소크라테스가 철학적 성찰 혹은 진리 탐구를 자기 목숨보다 소중히 여겼으며, 소크라테스에게 내려진 사형선고가 부당하다는 것을 보여주는 데는 성공했기 때문이다.

《소크라테스의 변론》은 크게 세 부분으로 구성된다. 첫 번째 변론(17a~35d)은 다시 다섯 부분으로 구성된다.

- 첫 번째 변론(17a~35d): 고발인들의 고발 연설에 대한 반박

  서언(17a~18a) 변론에 앞서 소크라테스는 자신이 능수능란한 연설가라기보다 진실만을 말하는 사람임을 밝힘.

  고발 내용에 대한 진술(18a~19a)

  처음 고발인들의 고발 내용에 대한 반박(19a~24b)

  나중 고발인들(법정 고발인들)의 고발 내용에 대한 반박(24b~28a)

  지혜를 사랑하는 삶을 옹호(28b~34b) 소크라테스는 신이 아테나이에 보내준 쇠파리

  맺는말(34b~35d) 배심원들에게 방면을 애원하지 않겠음.
- 두 번째 변론(35e~38b): 1차 배심원 투표에서 유죄판결을 받은 후 자신의 형량 제안
- 최후진술(38c~42a): 2차 배심원 투표에서 사형선고를 받은 후 배심원들에게 최후진술

첫 번째 변론(17a~35d)

고발인들의 연설이 종료되었다. 소크라테스의 고발인들은 매우 설득력 있게 그의 유죄를 주장했다. 그 결과, 배심원들은 물론 소크라테스 자신조차 그들의 논변에 설득될 지경이었다. 하지만 1차 변론 서두에서 소크라테스는 '소크라테스가 능수능란한 연설가이므로 그에게 속지 않도록 주의하라'는 고발인들의 주장이 가장 놀랍고도 파렴치한 거짓이라고 주장한다. 그러면서 자신은 오직 온전한 진실만을 이야기할 것이라고 밝힌다(17b).

멜레토스를 비롯한 고발인들은 소크라테스를 불경죄(첫째, 소크라테스는 국가의 신神들을 믿지 않는다. 둘째, 소크라테스는 새로운 신들을 믿는다. 셋째, 소크라테스는 젊은이들을 타락시켰다.)로 고발했다(24b~c). 하지만 소크라테스가 보기에 이러한 고발 내용은 피상적 구실에 불과하다. 고발인들이 소크라테스를 고발한 진짜 이유는 소크라테스의 철학적 탐구에 대한 적개심 때문이다. 소크라테스가 재판정에 오르기 전부터 이미 많은 아테나이 사람들은 자신들이 무비판적으로 신봉하던 전통과 이념, 그리고 가치를 논박하는 소크라테스를 민주주의와 기존 질서를 위협하는 사람으로 여겼던 것이다. 아리스토파네스의 희극《구름》(기원전 423년 상연)에서 희화화된 것처럼, 당시 아테나이 사람들에게 소크라테스는 사이비 자연철학자와 소피스테스가 혼합된 사기꾼으로 비쳐졌다. 하지만 소크라테스는 대중들의 이러한 편견을 비판하면서, 오히려 자신이 그를 고발한 자들보다 훨씬 경건하고 신을 경외하는 사람이었다고 주장한다.

그는 자신이 많은 아테나이 사람들에게 반감을 사게 된 까닭이 '소크라테스보다 지혜로운 자는 없다'는 델포이 신탁의 의미를 열심히 밝히려 했기 때문이었다고 고백한다. 즉, 그는 자신이 아는 게 없다는 사실 외에는 달리 아는 바가 없는데, 도대체 아폴론이 무슨 뜻으로 이런 신탁을 내렸는지 이해하기 어려웠다는 것이다. 그래서 소크라테스는 신탁의 참뜻을 밝히고자, 어떤 분야에서 지식을 가지고 있다고 공언하는 자들을 만나서 이들이 진짜 올바른 앎을 가지고 있는지 검토하고 확인하는 일을 시작한다.

그 결과, 그는 자신이 다른 사람보다 지혜로운 까닭은 자신의 무지를 자각하고 있기 때문이라는 결론에 도달한다. 대부분의 사람은 자신이 잘 알지도 못하는 바를 안다고 생각하면서 착각 또는 기만에 빠져 있다. 반면, 소크라테스는 적어도 자신이 아는 게 없다는 사실 하나는 안다는 점에서 다른 사람보다 지혜롭다는 것이다. 소크라테스는 안다고 생각하는 착각에서 해방되는 것이야말로 진정한 앎에 도달하기 위한 필수 전제 조건이라고 생각했다. 또한 그는 사람들을 무지와 편견에서 해방시키는 일이 자신에게 부여된 신의 소명이라고 여겼다. 이 때문에 그는 아테나이의 유력한 사람들을 만나서 그들이 자신의 무지를 자각하도록 돕는 한편, 참된 앎을 구하는 탐구에 동참하도록 초대했다. 하지만 사람들은 자신의 무지를 자각하게 된 것에 기뻐하거나 감사하지 않았고, 진리를 향한 탐구를 함께하자는 제안도 거부했다. 오히려 그들은 자신을 망신시킨 소크라테스에게 분노했고, 결국 그를 재판정에 소환했다.

이렇게 볼 때 우리는 고발인들과 배심원들이 감정에 휘둘려서 소크라테스를 고발하고 사형선고를 내린 것과는 반대로, 소크라테스는 이성적 판단과 신들에 대한 경외를 바탕으로 살아갔으며 변론했음을 알 수 있다. 특히 그는 신을 향한 순종을 군대 지휘관에 대한 순종에 비유한다(28d~e). 자신보다 우월한 자—사람이든 신이든—에게 불순종하는 것은 잘못이라는 것이다(29b). 소크라테스는 자신이 신의 종(21e, 23b~c)이라고 간주하며, 아테나이를 잠에서 깨우고자 신이 보낸 쇠파리에 비유한다(30e~31a).

두 번째 변론(35e~38b)

원고 측과 피고 측의 1차 변론 이후 배심원들의 투표가 있었다. 배심원들은 원고 측의 손을 들어주었고, 소크라테스는 유죄판결을 받았다. 그런데 소크라테스는 배심원들이 자신에게 유죄판결을 선고한 것에 전혀 놀라지 않는다. 배심원들을 설득하는 일이 쉽지 않다는 것을 이미 첫 번째 변론 서두에서 예견했기 때문이다 (18e~19a). 오히려 소크라테스는 매우 근소한 차이(아마도 유죄 투표 280대 무죄 투표 220)로 자신이 유죄판결을 받은 것에 놀란다(36a).

이제 소크라테스는 2차 변론에서 자신의 형량을 배심원들에게 제안해야 했다. 그런데 소크라테스는 뜻밖의 제안을 한다. 크세노폰이 저술한《소크라테스의 변론》에 따르면, 소크라테스는 자신의 형량을 제안하기를 거부했고 친구들이 제안하려는 것도 막았다. 왜냐하면 형량을 제안한다는 것은 자신이 유죄임을 인정하는 것이기 때문이다. 반면, 플라톤에 따르면 소크라테스는 설령 자신이 형량을 제안하더라도 이는 자신의 유죄를 인정해서가 아니라고 밝혔다. 그러면서 자신에게는 원형 청사에서 공짜로 식사할 영예(군사 원정에서 승리한 장수 또는 올림피아 경기에서 우승한 선수에게 허용되는 특권)가 주어져야 마땅하다고 주장한다(36d~37a). 자신의 철학적 임무는 신의 명령에 따라서 아테나이 시민들을 탁월하게 만든 것이므로, 오히려 벌이 아니라 상을 받아야 마땅하다는 것이다.

물론 소크라테스도 1심에서 자신에게 유죄를 투표한 배심원들이 2심에서 상을 줄 것이라고 생각하지는 않았다. 그래서 그는 투옥과 벌금, 추방형을 차례로 말하면서 자신은 가난해서 벌금을 낼 수 없지만 지인들이 은화 30므나를 지불해줄 것이라고 말한다.

최후진술(38c~42a)

2차 표결에서 고발자들의 제안에 찬성표를 던진 배심원은 360명이었고, 소크라테스의 벌금형 제안에 찬성표를 던진 배심원은 140명이었다고 추정된다. 즉, 1차 투표에서 소크라테스의 무죄에 찬성하는 표를 던진 220명 중 80명이 입장을 바꿔 사형에 찬성한 것이다. 이처럼 압도적인 차이로 사형선고를 받게 된 소크라테스는 배심원들에게 최후진술을 한다. 그는 배심원들을 두 부류(원고 측의 손을 들어준 배심원들과 피고 측의 손을 들어준 배심원들)로 구분해서 따로 진술한다.

#1 원고 측의 손을 들어준 배심원들에게

먼저 소크라테스는 자신에게 유죄 또는 사형을 투표한 배심원들의 어리석음을 지적한다. 그는 이미 노령이라 굳이 사형시키지 않더라도 조만간 죽을 것이기 때문이다. 또한 그는 배심원들이 악명을 얻을 것이고 아테나이를 매도하려는 자들에게 비난받게 될 것이라고 예고한다(38c). 소크라테스에 따르면, 유죄 투표를 한 자들은 소크라테스가 파렴치하고 감정에 호소해서 배심원들의 동정을 사게 될 것으로 기대했다(38d~e). 하지만 그는 이처럼 수치스러운 행위를 하느니 차라리 바르게 행동하다가 죽는 게 낫다고 생각한다(39a~b). 죽음이란 두려워할 것이 아니며, 오히려 영혼에 해를 끼치는 것은 불의와 악이기 때문이다.

한편 소크라테스는 자신에게 사형을 투표한 배심원들이 제우스에게 큰 형벌을 받게 될 것이라고 말한다(39c~d). 그들은 소크라테스를 사형시켜 사람들과 그들의 삶을 검토하는 성가신 노인에게서 벗어났다고 생각했다. 하지만 그들의 생각과는 반대로, 소크라테스보다 더 젊고 사나운 자들이 그가 했던 것과 같은 일, 즉 논박을 더 열심히 행하며 아테나이 사람들을 더 괴롭힐 것이다(39c~d). 실제로 플라톤과 크세노폰은 소크라테스를 죽음에 이르게 한 아테나이 민주정과 민주적 제도, 특히 사법제도를 통렬히 비판했다.

#2 소크라테스를 지지한 배심원들에게

한편, 소크라테스는 자신을 지지한 배심원들이야말로 진정한 재판관이라고 부를 만하다고 평가했다. 그러면서 재판의 결과로 그가 맞이하게 된 일, 즉 죽음이 좋은 일일 것이라는 희망을 품어야 한다고 말한다. 왜냐하면 죽음이 무엇이든 훌륭한 사람에게는 희망적으로 기대할 만한 것이며, 신들도 훌륭한 사람을 외면하지 않기 때문이다.

소크라테스는 평상시에 자신이 어떤 잘못된 일을 하려 할 때 신적 계시가 자신을 막았다고 고백한다. 하지만 재판 당일 이른 아침에 소크라테스가 집을 떠나 법정에 출두할 때나 법정에 도착했을 때, 그리고 법정에서 변론하는 도중에도 신적 계시는 그의 언행을 가로막지 않았다(40a~b). 소크라테스는 이러한 신적 계시의 침묵을 자신이 좋은 일을 행할 것이라는 전조로 해석한다(40b~c).

소크라테스에 따르면, 죽음이란 아무것도 아니어서 망자는 아무런 의식이 없게 된다. 또한 죽음은 일종의 변화 혹은 거처의 이동이어서 영혼이 이승에서 다른 곳으로 옮겨가는 것이다(40c). 이처럼 죽음이 영원한 잠 또는 완전한 안식이라면, 사후의 영원한 안식은 망자에게 더할 나위 없는 이득일 것이다. 더구나 죽음이 영혼의 거처를 이동하는 것이라면, 저승에 간 영혼은 거기서 '진짜 배심원들'을 만나게 될 것이다. 그런데 소크라테스는 생전에 누구에게도 고의로 해를 끼친 적이 없으므로 저승에서 나쁘거나 부당한 일도 겪지 않을 것이다. 이런 이유로 그는 죽음을 낙관적으로 전망해야 한다고 말한다(41c).

#3 배심원들에게 하는 마지막 부탁

아마도 투표를 마친 배심원들 중 상당수는 이미 재판정을 떠났을 것이다. 하지만 마지막으로 소크라테스는 배심원들에게 자기 자식들을 부탁한다. 만약 자신의 자식들이 탁월함 이외의 다른 어떤 것을 중히 여긴다면, 그리고 탁월함을 가지지도 않았으면서 가진 것처럼 착각하면 이들을 꾸짖어달라는 것이다. 이리하여 아테나이 사람들은 소크라테스 자신이나 그의 자식들에게 정당하게 대우하게 될 것이다(42a).

#4 작별의 말

이제 재판은 끝났고 모두 떠날 시간이 되었다. 소크라테스는 죽으러 가야 하고, 다른 사람들은 살러 가야 한다. 하지만 어느 쪽이 더 좋은지는 신 외에 아무도 모른다. 이처럼《소크라테스의 변론》은 '나는 모른다'에서 시작해서 '우리는 모른다'로 끝맺음으로써 철학한다는 것은 앎을 향해 끊임없이 나아가는 여정임을 보여준다. 이와 동시에 독자들에게 자기 자신을 스스로 돌아보고 검토하도록 이끌고 있다.

《크리톤》 해제 ─────────

$$1$$

크리톤

'크리톤'이라는 제목은 다른 모든 플라톤의 대화편처럼 알렉산드리아Alexandria 출신의 문법학자 트라쉴로스Trasyllos(36년경 사망)로부터 시작된다. 그는 플라톤의 대화편을 네 그룹으로 나누었는데《크리톤》은《에우튀프론》,《소크라테스의 변론》,《파이돈》과 함께 첫 번째 그룹에 속한다.

아마도 트라쉴로스는 플라톤 시대부터 내려오는 원제목을 계승한 듯하다. 하지만 여기에 부제(주제와 분류)를 붙였다.《크리톤》은 '마땅히 행해야 할 바에 관하여, 윤리서'라는 부제가 붙어 있다.

《크리톤》은 소크라테스와 크리톤의 대화로 구성되어 있는데, 대화편의 주요 등장인물 크리톤은《소크라테스의 변론》에 두 번 언급된다. 33d9에서는 크리토불로스의 아버지로 언급되는데, 소크라테스와 동년배이고 죽마고우인 사람으로 기술된다. 또 38b8에서 크리톤은 소크라테스를 대신해서 30므나를 지불하고

자 하는 네 사람 가운데 하나로 언급된다. 크세노폰의 《소크라테스 회상》 2.9에서 크리톤은 부유한 인물로 묘사된다. 《에우튀데모스》 304c에서는 자신이 소유한 농장에서 소득을 거두고 있는 사람으로 나온다.

한편, 《파이돈》에서는 소크라테스의 친구들이 도착할 때 소크라테스의 아내와 아이들을 감옥 밖으로 데리고 나온 인물이 크리톤이다(60a7~8). 그리고 사형 집행 직전 소크라테스가 목욕할 때 홀로 소크라테스 곁을 지켰던 것도 크리톤이라고 기술되어 있다 (116a2~3). 소크라테스가 사망하기 직전에 마지막 유언을 남긴 사람도 크리톤이다(118a7~8). 이처럼 크리톤이 소크라테스의 충실한 친구이자 동료였는데도 오늘날 많은 주석가들은 그가 소크라테스의 철학적 논변에는 별로 관심이 없었다고 평가한다.

2
대화편 분석

재판이 끝나고 소크라테스는 법정에서 멀지 않은 감옥에 수감되었다(《파이돈》 59d3~4). 하지만 사형 집행이 30일가량 연기되어 지인들은 소크라테스를 탈옥시키려는 계획을 세운다. 《크리톤》은 소크라테스와 크리톤이 탈옥의 정당성에 관해 주고받은 대화를 묘사하고 있다.

프롤로그: 소크라테스의 꿈 이야기(43a1~44b5)

해 뜨기 직전에 잠에서 깨어난 소크라테스는 감옥 안에서 크리톤이 기다리고 있는 것을 보고 깜짝 놀란다. 크리톤은 이미 한참 전부터 기다리고 있었다(43a). 죽음을 눈앞에 두고도 너무나 평안하게 자고 있는 소크라테스를 경탄의 눈으로 바라보고 있었던 것이다. '살아 있든 죽었든 훌륭한 사람에게는 나쁜 일이 생기지 않는다'(《소크라테스의 변론》 41c~d)라는 소크라테스의 말은 허풍이 아니었다.

소크라테스는 델로스섬에서 배가 도착했고 사형 집행이 임박했다는 것을 알리려고 크리톤이 이렇게 일찍 찾아왔다고 추측한다. 크리톤은 배가 이미 수니온에 도착했으나 아직 아테나이에는 오지 않았다고 답한다. 배가 오늘 페이라이에우스 항구에 도착하면 다음 날 사형이 집행될 것이라고 추측한다.

여기서 언급된 배는 아테나이의 전설적 영웅 테세우스Thēseus의 신화와 연관된다. 테세우스는 아테나이 사람들을 반인반수半人半神(사람 몸에 소의 머리를 가진) 괴물 미노타우로스Minōtauros에게서 구원하려고 크레테섬에 갔다. 이때 아테나이 사람들은 테세우스와 일곱 남녀가 무사히 귀환하면 이를 기념하기 위해 매년 델로스에 순례단을 파견하겠노라고 아폴론에게 서원했다. 결국 테세우스 일행은 미노타우로스를 죽이고 무사히 귀환했고, 이때부터 아테나이는 매년 델로스에 배를 보냈다. 그리고 이 배가 귀환할 때까지는 사형 집행을 금했다. 이 때문에 소크라테스의 사형 집행이 한 달가량 연기되었던 것이다(크세노폰, 《소크라테스 회상》 4.8.2). 그런데 델로스에서 출발한 배가 이제 도착하기 일보 직전이다. 크리톤은 소크라테스에게 남은 시간이 이틀도 채 되지 않는다며 안타까워한다.

그런데 소크라테스는 배가 오늘 도착하지 않을 것이라고 말한다. 그가 깨어나기 직전에 꿈을 꾸었는데, 꿈속에서 아름다운 여인이 흰옷을 입고 나타나서 "당신은 세 번째 날에 비옥한 프티아에 도착할 것입니다."(44b)라고 말했다는 것이다. 본래 이 말은《일리아스》9.363에서 어떤 여인이 아카이아 용사 아킬레우스 Achilleus에게 귀향을 예언하면서 했던 말이다. 그런데 일부 주석가들은 이 구절을 소크라테스의 영혼이 사흘 후 본향으로 돌아갈 것이라는 뜻이라고 해석하기도 한다. 적어도 소크라테스에게는 죽음이 두려워하거나 슬퍼해야 할 일이 아니었던 듯하다. 오히려 자신에게 매우 좋은 일이며, 마치 오랜 외유 끝에 고향에 돌아가는 것처럼 기대에 찬 듯하다.

크리톤의 탈옥 권유 논변(44b6~46a9)

#1 첫 번째 논변

사실 크리톤이 이렇게 이른 시간에 소크라테스를 방문한 이유는 단순히 사형 집행이 임박했다고 알려주려는 게 다는 아니었다. 더 늦기 전에 그를 탈옥시키려는 것이었다. 하지만 소크라테스를 탈옥시키려면 먼저 어째서 그가 감옥에 남아 사형당하는 것보다 탈옥하는 것이 더 정의로운지 설득해야 했다. 크리톤이 제시하는 첫 번째 논변은 만약 소크라테스가 탈옥을 거부한다면 크리톤에게는 단순히 하나의 재앙만 닥치는 게 아니라는 것이다(44b7). 즉, 크리톤은 다시 얻을 수 없는 친구를 잃게 된다. 그리고 간수들에게 돈 몇 푼 주었더라면 탈옥시킬 수도 있었을 텐데, 돈이 아까워서 친구를 죽음에 이르게 했다는 비난을 다른 사람들에게 받게 될 것이다. 크리톤이 생각하기에, 많은 사람들은 친구들이 탈옥시키려고 노력했는데도 소크라테스 자신이 탈옥을 거부했다는 사실을 믿지 않을 것이다.

소크라테스는 크리톤에게 반문한다.

"어째서 우리가 많은 이들의 평판에 그토록 관심을 가져야 하나? 가장 사려 깊은 자들—우리가 이들에게 주목하는 게 훨씬 가치 있는 일이네만—은 마땅히 해야 할 일을 했을 뿐이라고 생각

할 텐데 말이네."(44c6~9)

그러자 크리톤도 곧바로 대답한다.

"자네는 지금 많은 이들의 평판에도 관심을 가져야 한다는 것을 목도하고 있네. 만약 누군가가 다수에게 비난을 사게 되면 많은 이들이 이 사람에게 결코 작지 않은 해악을 끼칠 것이라네. 돌이킬 수 없는 최대의 해를 줄 수도 있다는 사실을 자네의 현 상황 자체가 여실히 보여주고 있네."(44d3~5)

즉, 크리톤은 자신뿐 아니라 소크라테스와 그의 동료들이 많은 사람에게 어떻게 보일지 염려한다. 이 때문에 그는 여러 번 '평판'과 '수치'를 언급하지만(44b9~c6, 44d1~4, 45e1~46a2), 소크라테스는 다음과 같이 답한다.

"정말이지, 오, 크리톤이여! 많은 이들이 최대의 해를 줄 수 있다면 좋겠네. 그렇다면 최대의 선도 베풀 수 있을 것이고, 이는 좋은 일일 테니 말이네. 하지만 많은 이들이 사람을 분별력 있는 자로 만들 수도 없고 무분별한 자로 만들지도 못한다네. 이들은 그저 닥치는 대로 행할 뿐이라네."(44d6~10)

여기서 분명한 점은 소크라테스가 보기에 가장 큰 선은 지혜이며 가장 큰 악은 무지라는 것이다. 그렇다면 많은 사람들이 최대의 선이나 최대의 악을 산출하지 못하는 이유는 무엇인가? 또한 소크라테스가 많은 사람들이 무지를 산출할 수 있다면 지혜도 산출할 수 있을 것이라고 생각하는 이유는 무엇인가? 첫 번째 질문의 답은 단순하다. 많은 사람들이 최고의 선 혹은 최고의 악을 산출할 수 없다고 말할 때, 소크라테스는 그들이 앎techné(또는 기술)이 부족하다고 주장한다. 무엇을 할 수 있는 기술 혹은 앎know-how을 가진 사람은 그 기술이 어떤 과정을 거쳐 결과물을 산출하는지 설명할 수 있다. 반면에 많은 사람들은 이에 관한 앎이 부족하기 때문에 어떻게 해서 그런 결과물이 산출되는지 설명하지 못한다.

한편 두 번째 물음과 관련해《국가》1권에서 소크라테스는 만약 어떤 사람이 특정한 결과를 산출하는 법을 진짜로 안다면, 그 사람은 이와 반대되는 결과를 산출하는 법도 알 것이라고 주장한다(333e3 이하). 이를테면 능숙한 치료자는 질병을 일으킬 수도 있으며, 능숙한 수호자는 능숙한 도둑이 될 수도 있다는 것이다. 지혜란 무지와 반대되는 것이므로, 많은 사람들이 어떻게 사람을 무지하게 만들 수 있는가를 안다면 지혜롭게 만드는 법도 알 것이다. 반대로 사람들을 무지하게 만들 기술을 많은 사람이 가지고 있지 않다면, 그들은 사람들을 지혜롭게 만들 수도 없다. 이렇게 볼 때 많은 사람들이 닥치는 대로 행한다는 소크라테스의 말은 많은 이들이 자신의 행위를 이끄는 원리를 이해하지 못하고 임의로 행한다는 뜻이다.

#2 두 번째 논변

크리톤은 소크라테스의 탈옥을 도운 친구들에게 미칠 수 있는 해악에 대한 염려를 불식하려 한다. 여기서 크리톤이 언급하는 공갈꾼들sykophantai이란 불법 행위를 저지른 자들을 적발하는 사람들을 가리킨다. 당시 아테나이 법률 시스템에는 국가 검사 제도가 마련되어 있지 않아서 시민들이 다른 시민에게 법률적 행위를 가하도록 허용했다. 때문에 공갈꾼들은 불법을 행한 자들에게 돈을 요구하면서 자신들에게 돈을 주지 않으면 기소하겠다고 협박했다.

만약 소크라테스가 탈옥하면 이를 알아챈 공갈꾼들이 소크라테스를 탈옥시킨 친구들을 협박해서 돈을 뜯어내려 할 것이다. 크리톤은 이런 두려움이 근거 없는 것이라고 일축한다. 공갈꾼들이 요구하는 돈은 푼돈이므로, 그들을 매수하는 일은 그리 어려운 일이 아니기 때문이다(45a6~b1). 더구나 소크라테스의 탈옥을 도우려는 사람들 중에는 외국인들도 있어서, 이들은 아테나이 법률로는 구속되지 않는다.

재판정에서 소크라테스는 자신의 형량으로 추방형을 제안하지 않았다. 왜냐하면 다른 폴리스에서는 철학 활동을 할 수 없을 것이라고 생각했기 때문이다(《소크라테스의 변론》 37d4~6). 하지만 크리톤은 소크라테스가 오판했다고 여긴다. 오히려 소크라테스를 환대할 만한 곳이 여러 군데 있으며, 특히 테살리아에는 크리톤의 친구가 있어서 아무도 소크라테스를 해치지 못하도록 안전을 보장해줄 수 있다(45b9~c4).

크리톤은 소크라테스가 탈옥해야 하는 세 가지 이유를 제시한다.

첫째, 소크라테스가 탈옥하지 않고 감옥에 남아 사형당하는 일은 자기 목숨을 구할 수 있는데도 스스로 포기하는 일이자 적들이 원하는 바를 저지르는 행위와 같다(45c5~8).

둘째, 탈옥을 거부하는 것은 자식들을 배반하는 행위다. 자식들을 양육하고 교육하는 일은 끝까지 돌보아야 할 부모의 의무인데, 이를 방기하는 것은 자식들을 배반하는 행위라는 것이다(45c8~d6).

셋째, 크리톤은 자기 자신과 친구들이 수치심을 느낄 것이라고 생각한다. 이 모든 재앙은 사전에 피할 수 있었던 것이기 때문이다. 즉, 애초에 재판을 피할 수 있었고, 유죄 선고를 피할 수도 있었다. 더구나 소크라테스를 탈출시킬 수 있는데도 사형이 집행된다면, 친구들은 그를 구할 수 있었는데도 나약함과 비겁함 때문에 구하지 못했다는 비난을 피할 수 없게 된다(46a2).

크리톤에 따르면, 탁월함 내지 덕이란 주로 신체와 연관된다. 가령 정의는 영혼보다 자기 몸의 보존에 필요한 것이다. 따라서 자기 보존이 정의이고 친구들에게 좋은 것이며 적들에게는 해로운 것이다. 반면, 자신의 몸을 보존하지 못하는 것은 비겁하고 수치스러운 행위다. 따라서 크리톤은 탈옥하지 않고 감옥에서 사형 당하는 일이야말로 소크라테스 자신은 물론 그의 지인들에게도 수치스러운 일이라고 보았다.

소크라테스의 탈옥 거부 논변(46b1~54e2)

#1 숙고의 출발점으로서 도덕 원칙(46b1~50a5)

소크라테스의 행위 준칙: 최선이라고 생각되는 것을 행하라(46b1~c6)

크리톤은 이미 숙고할 시간이 지났고 숙고를 마쳤겠지만, 지금 마지막으로 다시 한번 숙고해서 탈옥에 동의해달라고 요구한다. 하지만 소크라테스는 무조건 자신의 말에 순응하라는 크리톤의 요구를 거부한다. 그러면서 '최선이라고 생각되는 원칙logos(또는 논변) 외에 그 어떤 것도 따르지 않는다'는 행위 준칙을 이제 와서 포기할 수 없다고 답한다. 즉, 탈옥이 과연 최선의 행위인지 검토해보고 결정하겠다는 것이다. 소크라테스는 크리톤이 제시한 논변이 자신을 충분히 설득해서 이제껏 가져온 원칙(또는 논변)을 내동댕이칠 정도로 강력하지 못하다고 생각하는 듯하다. 그래서 소크라테스는 크리톤에게 아테나이 사람들의 동의를 받지 않고 탈옥하는 일이 과연 정의로운 것인지 함께 검토해보자고 제안한다.

《크리톤》 해제

소크라테스의 탐구 방식(46c7~49a3)

1. 전문가 대 많은 이(46d7~47d7)

먼저 소크라테스는 많은 이들의 견해에 관한 크리톤의 논변을 검토해보라고 제안한다. 소크라테스는 이렇게 말한다.

"우리는 익히 어떤 견해에는 주의를 기울이는 게 옳지만, 또 다른 견해에는 그렇게 하지 않는 게 옳다고 여러 번 말하지 않았나? 훌륭한 말 아니었나? 아니면 내가 이 죽음의 상황을 맞이하기 전까지는 훌륭한 말이었지만, 이제는 단지 논증을 주장하기 위한 헛된 말이 되었고, 실로 유치한 말장난이자 헛소리가 되었음이 명백하다는 건가?"(46c8~d4)

위의 질문에서 소크라테스가 말하고자 하는 바를 다음과 같이 재구성할 수 있다. 지금까지 소크라테스와 그의 동료들은 어떻게 행위할 것인가를 놓고 많은 이들의 견해에 연연하면 안 된다고 말해왔다. 그렇다면 지금 많은 사람들이 소크라테스를 죽이려 한다고 해서 이전에 늘 말해왔던 바를 갑자기 내동댕이쳐야 하는 것인가?

소크라테스는 모든 견해가 아니라 올바른 견해에 귀 기울여야 한다고 주장한다. 그런데 문제는 과연 누구의 견해가 올바르고 누구의 견해가 잘못된 것인가다. 소크라테스는 지혜로운 사람의 견해가 올바른 반면, 어리석은 사람의 견해는 그렇지 않다고 주장하며 크리톤도 이에 동의한다(47a10~11). 가령 운동선수가 훈련하고자 할 때, 많은 팬들의 조언을 듣고 운동하는 것보다는 전문적 견해를 가진 코치나 트레이너의 조언에 따라 운동하는 것이 적절할 것이다. 신체 단련에서 많은 사람들의 견해보다 전문가의 견해가 더 유익함을 보여준다. 이와 마찬가지로 소크라테스는 신체에 관한 전문적 지식이 부족한 많은 사람들의 견해를 따르는 일이 신체의 건강을 해칠 위험이 있음을 지적한다(47c5~7). 소크라테스에 따르면, 신체와 마찬가지로 정의와 불의, 좋음과 나쁨 등(영혼에 관한 문제들)에서도 전문적 지식을 가진 사람이 존재한다.

2. 신체의 질병과 영혼의 타락(47d8~49a3)

소크라테스는 신체 기능이 쇠하면 그런 삶은 살 가치가 없다고 말한다. 마찬가지로 영혼이 불의의 영향으로 타락하면 그 삶 역시 살 가치가 없다(47e3~7). 그런데 영혼이 몸보다 더 소중한 것이므로(47e7~48a2) 불의는 신체적 질병보다 훨씬 큰 해악이다.

소크라테스는 불의가 '잘 사는 것'과 대립하기 때문에 불의를 피해야 한다고 말한다. 우리는 늘 그냥 사는 게 아니라 잘 사는 것을 소중히 여긴다(48b3~6). 또한 잘 사는 것은 정의롭게 사는 것과 같다(48b8~9). 불의는 영혼을 타락시켜 행복한 삶을 불가능하게 하므로, 어떤 경우라도 불의를 행하지 말아야 한다는 것이다.

기초적 도덕 원칙(49a4~e2)

이제 소크라테스는 논증의 전제로 기초적 도덕 원칙들(정의의 원칙들)을 제시하면서 크리톤의 동의를 구한다.

- 불의 금지: 정의롭지 않은 일을 행하면 안 된다(49b).
- 위해 금지: 누군가에게 해를 입히면 안 된다(49c).
- 보복 금지: 설령 불의한 일을 당하거나 해를 입더라도 보복하면 안 된다(49b~c).
- 합의 이행: 누군가와 합의한 것이 정의로운 것이라면 이를 이행해야 한다(49e).

소크라테스가 제안한 원칙들에 크리톤이 동의하자, 소크라테스는 아테나이 사람들의 동의를 구하지 않고 감옥을 떠나는 일이 폴리스에 불의를 행하는 것은 아닌지 검토해보기로 한다. 소크라테스는 위의 원칙들을 논의의 출발점으로 삼을 것을 제안한다. 그러면서 혹시라도 크리톤이 자신의 생각과 다른데도 이 전제에 동의하지 않도록 주의하라고 재차 당부한다.

"오, 크리톤이여! 자네 견해를 저버리고 이 의견에 동의하지 않도록 주의하게. 이처럼 생각하는 사람은 소수이고 앞으로도 그럴 것임을 나도 알고 있기 때문이네. 이런 생각을 하는 사람들과 그렇게 생각하지 않는 자들 사이에는 공통의 숙고가 없으며, 이들은 필연적으로 상대방의 숙고 사항을 지켜볼 때 서로를 멸시한다네. 그러니 자네도 주의 깊게 살펴보게. 자네가 나와 같은 견해를 가지고 내 생각이 자네도 옳다고 생각해서 우리가 한 전제—즉, 불의를 행하거나 불의를 불의로 갚는 것은 올바르지 않으며 설령 해를 입더라도 상대방에게 해를 입히면서까지 자신을 방어하는 것은 올바르지 않다는 전제—에서 숙고를 시작할 수 있는지 말이네."(49c11~d9)

정의로운 약속의 준수(49e2~50a5)

앞서 동의한 두 원칙을 탈옥 문제에 적용하기 전에, 소크라테스는 크리톤에게 정의로운 약속을 준수해야 하는지 묻는다.

"**소크라테스** 그러면 다음 내용을 말하겠네. 아니, 오히려 나는 질문을 던지겠네. 혹자가 무슨 일을 하겠다고 누군가와 합의한다면, 그 일이 정의로운 것인 한 행해야 하는가? 아니면 약속을 어겨야겠나?

크리톤 해야겠지."(49e5~8)

위의 원칙들에 크리톤의 동의를 구하고 나서 소크라테스는 과연 탈옥이 정의로운 일인지 논의하기 시작한다. 하지만 '폴리스를 설득하지 않은 채 감옥에서 탈출하는 일이 해를 입히지 말아야 할 사람들에게 해를 입히는 게 아닌가?' 소크라테스의 이 질문에 크리톤은 질문을 이해할 수 없으며 따라서 이에 답할 수도 없음을 고백한다.

#2 소크라테스와 아테나이 법률의 가상 대화(50a6~54e2)

크리톤의 이해를 돕고자 소크라테스는 만약 국가와 법률이 말을 할 수 있다면 탈옥을 어떻게 말할지 상상해보기로 한다.

국가 제도의 파괴(50a6~c1)

개인이 법정 판결의 권위를 무시하고 자기 마음대로 행동한다면 폴리스는 존립할 수 없으며 결국 와해될 것이다(50b1~5). 폴리스에 해를 입히는 일은 불의 금지 원칙에 위배되는 것이다. 따라서 불의한 일을 행하지 않으려면 소크라테스는 탈옥하지 말아야 한다.

물론 정당하게 유죄로 판결되는 경우도 있지만, 그렇지 않은 경우도 있다. 따라서 법률은 무고한 사람이라도 탈옥을 하면 불의한 일을 저지르게 되며, 이리하여 국가에 해를 입힌다는 점을 다시 입증해야 한다.

보복으로 국가를 파괴하는 것은 불경한 일(50c1~51c5)

법률은 마치 부모가 자녀의 유익에 필요한 것을 제공하고, 주인이 노예의 유익에 필요한 것을 제공하듯 폴리스가 시민들의 유익에 필요한 것을 제공한다고 주장한다. 즉, 부모가 자녀를 위해 희생하고 헌신하므로 자녀도 부모에게 존경과 경외의 의무를 가져야 하는 것처럼, 시민들도 국가를 존경하고 경외할 의무를 가진다는 것이다. 그런데 시민이 국가로부터 받는 유익이 자녀가 부모에게 받는 유익보다 훨씬 크므로 시민은 국가에 더 큰 존경과 경외의 의무를 가진다. 따라서 시민은 국가의 명령에 순종하거나 아니면 국가를 설득해야 한다. 반면에 부모에게 폭력을 가하는 것이 불경스러운 것처럼, 시민이 국가에 (배신과 반란을 포함해서) 폭력을 가하는 것 또한 불경하다.

탈옥은 정의로운 약속을 위반하는 행위(50c6~53a7)

모든 시민은 폴리스가 내린 결정을 충실히 이행하겠다는 암묵적 계약을 법률과 맺었다(50c7~8). 법률은 강압적으로 시민들에게 명령하지 않으며, 오히려 올바르지 않은 법적 명령이 있다면 법률을 설득하도록 시민을 초대한다. 누구도 억지로 시민이 되지 않으며, 국가와 그 법률에 동의한 다음에야 시민이 된다. 또한 폴리스와 법률에 만족하지 않는 시민은 다른 폴리스로 이주할 자유가 있다. 따라서 소크라테스가 아테나이와 그 법률에 불만을 느꼈다면 자기 소유물을 가지고 어디든 원하는 곳으로 이주할 자유가 있었다(51d6~e1). 그런데도 그는 군대 출정 외에 아테나이 밖으로 나간 적이 없었으며, 배심원들이 추방형을 제안했을 때도 추방되느니 차라리 죽는 게 낫다고 답했다. 더구나 소크라테스는 아테나이 국가제도와 법률제도가 자신과 잘 부합하는지, 서둘러 결론을 내려야 할 필요도 없었다. 이 문제를 생각해볼 시간이 70년이나 있었기 때문이다(52e2~3). 그렇다고 해서 법정 소송의 진행 과정이나 국가의 운영 방식에 관해 법률이 무엇을 속이려고 한 적도 없다(51e2~3). 따라서 법률은 소크라테스가 아테나이와 그 법률제도에 분명 만족했을 것이라고 결론을 내린다(52b~2). 그렇다면 탈옥하는 일은 정의로운 약속을 위반하는 행위다.

지금까지의 논의를 토대로 법률은 탈옥이 불의한 세 가지 이유를 제시한다.

"우리는 그가 우리에게 순종하지 않을 경우 세 가지 불의를 저지르고 있다고 주장하네. 즉, 그는 우리가 자신을 낳아준 자인데도 불순종하는 것이고, 양육한 자에게 불순종하는 것이며, 우리에게 순종하겠다고 합의했는데도 불순종하는 것이냐고 말이네. 설령 우리가 뭔가 잘못하고 있다손 치더라도 우리를 설득하지도 않네."(51e4~7)

처음 두 가지 이유는 자신에게 유익을 준 자를 존경하고 순종하라는 의무와 연관된다. 반면, 세 번째 이유는 정의로운 동의는 지켜야 한다(불만이 있으면 국가를 설득하라)는 의무와 관련이 있다.

탈옥은 누구에게도 유익이 아니다(53a8~54b2)

크리톤은 소크라테스의 탈옥이 친구들은 물론 소크라테스의 자식들과 소크라테스 자신에게도 유익하다고 주장했다. 반대로 법률은 소크라테스가 탈옥해서 다른 폴리스로 도피할 경우 잘 살게 될 것이라는 크리톤의 주장에 동의하지 않는다. 즉, 소크라테스가 테바이나 메가라처럼 훌륭한 법률제도를 갖춘 곳으로 도피할 경우, 그곳 사람들은 소크라테스를 법률 파괴자나 체제 전복 세력으로 여길 것이다. 반면에 소크라테스가 무질서와 방종이 만연한 폴리스에 가게 된다고 해도 마찬가지다. 그는 거기서 모든 이의 환심을 사면서 마치 모든 이의 노예처럼 살아가게 될 뿐, 더 이상 탁월함과 관련된 철학적 논의나 탐구를 지속하기 어려울 것이다.

마지막으로 자녀를 양육하고 돌보는 것이 아비 된 자의 의무라는 크리톤의 주장에 대해서도 그러하다. 법률은 소크라테스의 친구들이 그토록 소크라테스를 애지중지한다면, 그가 죽더라도 그의 자식들을 최고로 훌륭하게 양육하고 교육하지 않겠느냐고 반박한다.

이승의 법률과 저승의 법률(54b3~d2)

법률의 마지막 논증은 사후에 소크라테스를 기다리고 있는 운명과 연관된다(54b2~c9). 설령 소크라테스가 불의하고 억울하게 사형선고를 받았더라도 그가 법정의 결정에 순응한다면, 그는 내세에서도 자신이 그 무엇보다 훌륭함을 중시했노라고 당당히 말할 수 있을 것이다. 반대로 그가 탈옥을 감행할 경우 테살리아에서 수명을 몇 년 연장할 수 있겠으나 불법한 행위를 한 만큼 그는 결국 이승의 법률에서도 저승의 법률에서도 대적자가 될 것이다. 그리고 저승의 법률은 소크라테스와 그의 탈옥을 도운 자들을 엄하게 정죄할 것이다.

법률은 다음과 같이 논증을 끝맺는다.

"오, 소크라테스여! 자네를 양육한 우리의 말을 따르게. 그리고 자식들이든 사는 일이든 다른 어떤 것도 정의보다 중히 여기지는 말게. 자네가 하데스에 이르렀을 때 그곳에서 다스리는 자들께 이 모든 것으로 변론할 수 있도록 말이네. 왜냐하면 자네가 이처럼 무모한 일을 감행하는 것은 이승에서도 자네나 자네 친구들에게 더 좋지 않고 더 정의롭지도 않으며 더 경건하지도 않을 뿐더러, 자네가 저승에 간 후에도 더 좋지 않을 것이기 때문이네. 자네가 지금 떠난다면 우리 법률이 아니라 사람들에게 불의를 당한 채 떠나는 것일 테지. 하지만 자네가 이렇듯 수치스럽게 불의를 불의로 갚고 악을 악으로 갚으면서 자네 자신이 우리와 맺은 합의와 계약을 배신하고, 또 자네가 가장 해쳐서는 안 될 이들—즉, 자네 자신과 자네 친구들 그리고 조국과 우리—에게 해를 입힌 채 떠난다면 어떻겠는가? 자네가 살아 있는 동안에는 우리가 자네에게 분노할 것이고, 하데스에 있는 우리 형제 법률도 그곳에서 자네를 반겨 맞이하지 않을 거네. 자네가 무슨 짓을 해서라도 우리를 파괴하려고 한 것을 그들도 알기 때문이네."(54b~c9)

결론(54d3~e2)

소크라테스는 마치 코뤼반테스의 황홀경에 빠진 자들이 플루트 연주가 끝난 후에도 소리가 들린다고 느끼듯, 법률의 음성이 마음속에서 크게 울려서 다른 소리를 들을 수 없게 한다고 고백한다. 그러면서 크리톤이 말해도 별 소용없겠지만 그래도 더 하고 싶은 말이 있다면 말해보라고 제안한다. 크리톤이 더 할 말이 없다고 답하자 소크라테스는 말한다.

"그러면 오, 크리톤이여! 내버려두세. 그리고 신께서 이렇게 인도하시니, 이대로 행하기로 하세."(54e1~2)

코뤼반테스는 박코스Bakchos[169]의 숭배자들이며, 플루트와 북

---

[169] 술의 신 디오뉘소스는 박코스라고도 일컬어졌다.

《크리톤》해제

소리에 맞추어 맹렬히 춤추는 열광적 의식으로 유명했다(에우리피데스Euripidēs[170], 《박카이》 124~29). 이 의식에 참여한 사람들은 음악과 춤에 도취해 있었기에 연주가 멈춘 다음에도 계속 음악 소리를 듣는 것처럼 착각하기도 했다.

플라톤은 《향연》 215d~e, 《에우튀데모스》 277d, 《이온》 534a·536c 그리고 《법률》 VII 790d 이하에서 코뤼반테스를 언급한다. 특히 《법률》에서는 코뤼반테스 의식의 후유증을 경험하는 사람에 대한 치유책을 잠들지 못하는 아기를 달래고 재우는 어머니의 방법에 비유한다. 어느 쪽이든 침묵이 아니라 오히려 움직임과 소리가 필요하다는 것이다. 즉, 어머니는 아기를 재우려고 팔에 안고 계속 흔들면서 자장가를 불러준다. 마찬가지로 코뤼반테스는 음악과 춤 덕분에 제정신으로 돌아온다.

그렇다면 《크리톤》에서 소크라테스는 왜 코뤼반테스의 황홀경을 언급할까? 우리는 아기를 달래는 어머니처럼 소크라테스가 크리톤을 어르고 위로하고자 한다고 이해할 수 있다. 대화편 초반부에서 크리톤은 사형을 눈앞에 둔 소크라테스가 너무나 평온하게 자고 있는 것을 보고 경탄했다. 정작 자신은 잠을 설치고 슬퍼하고 있음을 고백하면서 말이다(43b4~5). 크리톤에게 친구 소크라테

---

170   아이스퀼로스, 소포클레스와 함께 고대 그리스의 3대 비극 작가로 일컬어졌다.

스의 죽음은 그야말로 큰 재앙이나 다름없었던 것이다(43c2). 이처럼 동료의 죽음을 앞두고서 괴로워하고 불안해하는 친구들―크리톤을 포함해서―을 달래려고 소크라테스는 법률의 논변을 마치 어머니의 자장가처럼 들려주고 있다. 코뤼반테스의 황홀경에 빠져서 연주가 끝났는데도 그 소리가 들린다고 착각하는 사람은 다른 소리를 듣고 제정신으로 돌아온다. 마찬가지로 법률의 음성을 듣고서야 크리톤은 슬픔과 근심에서 풀려나서 마음의 평안을 얻게 된다.

《크리톤》해제

《소크라테스의 변론》과 《크리톤》을 처음 접한 것은 대학교 1학
년 때였다. 과제를 하려고 《소크라테스의 변론》을 펼쳐들고 읽었
다. 그때 받은 첫인상은 소크라테스가 궤변가처럼 보인다는 것이
었다. 유죄 선고를 받은 피고가 배심원들에게 선처를 호소하기는
커녕 오히려 상을 달라고 요구하는 게 가당키나 한 일인가? 어쩌
면 소크라테스의 법정 진술을 현장에서 직접 목격한 배심원들과
아테나이 시민들도 이와 비슷한 당혹감을 느꼈을 것으로 생각된
다. 소크라테스가 진정으로 원했던 바는 '어떤 행동을 해야 최대
의 이익을 얻을 수 있고, 무슨 말을 해야 남들을 설득할 수 있는
가?'가 아니었다. '도대체 무엇이 옳은 일이고 시민들에게 유익한
일인가?'였다. 이것을 깨닫는 데는 오랜 시간이 필요했다.

　인기 드라마 〈오징어 게임〉(2021년)이 적나라하게 묘사했듯, 오
늘날 우리는 목전의 이익을 위해서라면 어떠한 수단과 방법도 마
다하지 않겠다는 탐욕의 시대, 불의의 시대를 살아가고 있다. 하

지만 소크라테스를 죽음에 이르게 한 법정 변론은 '옳고 그름을 따지는 일이 목숨을 부지하는 것보다도 더 중요한 것 아닌가?' 하는 묵직한 질문을 우리에게 던지고 있다.

이미 《소크라테스의 변론》과 《크리톤》의 여러 번역본이 출판되었다. 하지만 대부분의 번역은 그리스어 원전에 충실하지 않은 중역重譯이고, 일부 번역은 원전에 충실하지만 가독성이 떨어진다. 이 책은 원전에 충실하면서도 일반 독자가 읽고 이해하기에 어렵지 않도록 쉬운 말로 번역하고자 최대한 노력한 결과물이다. 이 책을 통해 독자들이 소크라테스의 법정 변론과 더불어 그가 탈옥 대신 죽음을 택한 경위를 생생히 접하기를 바란다.

번역과 해제를 꼼꼼하게 읽고 교정을 도와준 노재현, 현종환, 신민우 씨에게 감사드린다.

참 고 문 헌 ─────────────────────

이 책의 번역 대본으로 사용한 그리스어 원서는 다음과 같다.

E. A. Duke, W. F. Hicken, W. S. M. Nicoll, D. B. Robinson & J. C. G. Strachan, *Platonis Opera*, Vol. 1, Oxford Classical Texts, 1995.

이 책을 번역하는 데 참고한 주석서, 해설서 및 번역서는 다음과 같다.

플라톤, 강철웅 역, 《소크라테스의 변명》, 아카넷, 2020.

플라톤, 이기백 역, 《크리톤》, 아카넷, 2020.

John Burnet, *Plato's Euthyphro, Apology of Socrates and Crito*, Oxford: Clarendon Press, 1979.

David Gallop, *Defence of Socrates, Euthyphro, Crito*, Oxford University Press, 1997.

Roslyn Weiss, *Socrates Dissatisfied: An Analysis of Plato's Crito*, New York/Oxford: Oxford University Press, 1998.

Chris Emlyn-Jones, *Plato: Crito*, Bristol Classical Press, 1999.

G. M. A. Grube, *Plato: The Trial and Death of Socrates(Euthyphro, Apology, Crito, Death Scene from Phaedo)*, 3th. ed., Indianapolis & Cambridge: Hackett Publishing Company, 2000.

Thomas C. Brickhouse & Nicholas D. Smith, *Routledge Philosophy Guidebook to Plato and the Trial of Socrates*, Routledge, 2004.

Harold North Fowler, *Plato: Euthyphro, Apology, Crito, Phaedo, Phaedrus*, Loeb Classical Library, Cambridge, Massachusetts: Harvard University Press, 2005.

David M. Leibowitz, *The Ironic Defence of Socrates: Plato's Apology*, Cambridge University Press, 2010.

Paul Allen Miller & Charles Platter, *Apology of Socrates: A Commentary*, University of Oklahoma Press, 2010.

J. Michael Hoffpauir, *Between Socrates and the Many: A Study of Plato's Crito*, Lanham & Boulder: Lexington Books, 2020.

플라톤의 대화편

소크라테스의 변론·크리톤

ΠΛΑΤΩΝ

Απολογία Σωκράτους·Κρίτων

한국어판 ⓒ 오유석, 2023

펴낸날 1판 1쇄 2023년 1월 31일
         2판 1쇄 2023년 6월 30일

지은이 플라톤
옮긴이 오유석
펴낸이 정은영

펴낸곳 마리북스
출판등록 제2019-000292호
주소 (04037) 서울특별시 마포구 양화로 59 화승리버스텔 503호
전화 02-336-0729, 0730
팩스 070-7610-2870
홈페이지 www.maribooks.com
이메일 mari@maribooks.com

편집 김영회, 한미경, 박지혜
디자인 마인드윙표지, 페이지엔본문
제작 (주)신우인쇄

ISBN 979-11-89943-71-4 04160
       979-11-89943-92-9 세트